本を通して絆をつむぐ

シリーズ
読書コミュニティのデザイン

児童期の暮らしを創る読書環境

秋田喜代美・黒木秀子 編

北大路書房

はじめに——読書コミュニティのデザイン第2作刊行にあたって

本シリーズは、これまでの読書教育や読書指導では使用されてこなかった、「読書コミュニティのデザイン」という言葉を新たに提示することで、子どもと本にかかわる人たちが新たな絆をつくり出し、子どもたちのこれからの読書環境を子どもたちとともに生み出していく姿をさまざまな生活の場で描き出すことをめざしています。読書指導の方法やお薦め本の紹介ではなく、先達の実践や智恵という「過去」と、読書コミュニティのデザインという「未来」との間に、子どもたちが現在置かれている社会的な状況と本をめぐる人と人の交わりの実相と可能性を記述し、読書によって新たなネットワークを構想することがねらいです。

前作の『本を通して世界と出会う——中高生からの読書コミュニティづくり』(秋田喜代美・庄司一幸編、読書コミュニティネットワーク著、2005年刊)では、中学生・高校生を、大人とともに読書コミュニティをつくる重要なメンバーととらえました。「中高校生は本を読まない」という一般的な通念や、「いまどきの若者は…」という否定的な意見に反して、学級、学校、地域という空間の広がりを柱にして、中学生や高校生が読書のネットワークを創出していく姿を、実際に実践をリードされてきた先生方に物語っていただきました。そしてそれらの実践に共通する読書コミュニティのデザイン原理を考えるための本をつくりました。一冊の本を通して、人の輪が広がって新たな世界と出会ったり、新たな世界と出会うことで人の輪が広っていく姿を、執筆者の方々の声を通して語っていただきました。

本書においても同じシリーズコンセプトで、子ども時代の中心となる時期である児童期に主に焦点を当てましたが、編者として以下の三点の視座を本書に入れたいと考えました。

この本が中心として扱う幼児期から児童期は、子どもたちの心身の発達がめざましい時期です。したがって、読書においても「発達」という視座を欠かすことはできません。子どもにどのように読書教育、読書指導をするかだけではなく、その時期の子どもの中では読書を通して何が起こっているのかを、子どもの姿や声を通して考える本にしたいと考えました。大人の理想の読書論ではなく、読書における子どもの声と、発達の事実や出来事から考えることが第一の視座です。

また、児童期は中高校生の時期に比べると、家庭生活や地域での生活との関連が密接な時期です。この時期は読書における情報収集や学習機能が重視されるようになってきます。けれども、その一方で、読書には人の生き方や生活という「life」を見つめ考える機能があると考えられます。またさらに、life のもう一つの意味、人の一人ひとりの命を考える機会も読書は与えてくれます。学力、学習など「学ぶこと」が中心に語られることの多い児童期において、大人の視座の中でも図より地となり背景に置かれがちな、子どもの暮らし、命、生き方を考える読書の働きに光を当てたいと考えました。読書を通して暮らしや生き方を考え創るという働きです。そこで「暮らしを創る読書環境」という副題のタイトルをつけることにしました。「暮らし」（reading for life）が第二の視座です。

　そして、子どもの読書にかかわる大人もまた、子どもから、子どもの本から、本をめぐる子どもたちとの活動から多くのことを学んで、変化していきます。成人期、中年期の大人もまた子どもの読書にかかわることで、ともに愉しみ、ともに育ち、もう一度読書のあり方を見つめ直し、共発達していると考えられます。大人は子どもに読書をすることを求めたり、教育を与えたりするだけの固定的な存在なのではありません。大人もまた子どもの読書にかかわり、考え、変わっていきます。子どもの読書の課題は、子どもに本を読むことをうながすことだけではなく、子どもとの関係、子どもの読書を通じて大人もまたみずからのあり方を考え、発達変容していく可能性をもつことを、第三の視座に入れたいと思いました。

　子どもの本や読書にかかわる大人には、いろいろな立場の方がいます。子どもの本をみずから読む読み手であったり、子どもとともに本を読む読み手であったり、子どものために本を書く書き手であったり、そして家庭、学校、図書館、書店などさまざまな場で子どもにその書かれた本を手渡す媒介者だったりします。これらの役割をきれいに分けることはできませんが、いろいろな立場を担う人にとって、子どもの読書はどのように考えられるのかを、本の構成の柱として取り上げることにしました。

子どもの読書へのこの三つの視座を理解し、子どものための読書活動を長年地道に続けておられる黒木秀子さんを共編著にお迎えして、一緒に本をつくることにしました。黒木さんは、子育てをされながらスペインに行かれ、読書へのアニマシオンを実際に学ばれ、市民の読書ネットワークという絆をつむぐさまざまな仕事をしておられます。そして、この本づくりのコンセプトに最もふさわしい執筆者の方々に、ご執筆をお願いしました。みなさんこの本の主旨に賛同して、ご多用の中で執筆をしてくださいました。読みあいの実践をされ、ご自分でも本を書かれておられる村中李衣先生にも、特別インタビューによって本書へのご協力を賜ることができました。これらの執筆者の方々の読書に対する思いのハーモニーで一冊の本ができました。

この本が子どもの読書を考える一冊となると同時に、また新たな読書コミュニティの絆をつむぎ出す契機となることを心から願っています。

編者を代表して
秋田　喜代美

■もくじ■

はじめに――読書コミュニティのデザイン第2作刊行にあたって（秋田喜代美）

1部　読書と発達

1章　言葉の力と絆を育てる読書コミュニティへ（秋田喜代美）　2

1節　子どもの読書環境の今　2

1．暮らしの中の読書　2

2．言葉の力と読書　5

2節　読書コミュニティのデザイン　10

1．読書環境への視座　10

2．読書コミュニティとは　13

2部　読書で育つ場のデザイン――暮らしの中に生きる読書

2章　読み手のいる場　18
1節　地域での読書環境　18
1．一緒に本を読むということ――さまざまな場面で出会った大人たち・子どもたち（黒木秀子）　18
2．わが子との読書生活（山本綾子）　39
3．わが家にとっての公共図書館（上田　岳）　49
4．地域での家庭文庫の活動の中で（岸　洋子）　58
2節　学校という読書環境　68
1．授業の中での本への関心の高まり（濱野高秋）　68
2．図書館部30年（飯嶋久美子）　80
3．保健室での子どもと本の出会い（於保和子）　92
4．学校図書館の成熟へ（片桐生恵）　103
5．子どもと本の架け橋に――学校図書館ボランティアの役割（内野史子）　116
6．地域の中核としての学校図書館（岸　裕司）　125
3節　本のある暮らしと経験の中で育つ（秋田喜代美）　136
1．「本の世界を生きること」への経験の連続性　137
2．子どもとともに本を読む大人の生涯発達　150

3章　書き手のいる場　154
1節　読者へ届く本づくり（長谷総明）　154
2節　メディアからみえてくる子どもの読書（前田利親）　167
◆村中李衣さん特別インタビュー――あなたの「世界」の愛し方、そして私の。――（聞き手・黒木秀子）◆　175
3節　世界にふれ、生を読む（秋田喜代美）　185
1．本でしか読めないもの　185
2．なぜ本が子どもの経験として必要なのか　190

4章　子どもに本を手渡す仲介者のいる場　196
1節　児童書専門店からみた子どもと読書（阿部裕子）　196
2節　公共の場が本と子どもをつなぐ　209
1．変わってくる公共図書館の役割（田中共子）　209
2．患者図書館での子どもと本（菊池　佑）　223
3節　すべての子どものための読書コミュニティづくり（秋田喜代美）　234
1．子どもと読書を知るという専門的見識　234
2．「すべての子どもの読書へ」と越境する読書コミュニティ　237

あとがき
引用・参考文献
本文で紹介した本

1部　読書と発達

1章 言葉の力と絆を育てる読書コミュニティへ

秋田喜代美（東京大学大学院教授）

1節 子どもの読書環境の今

1 暮らしの中の読書

「4月26日　新宿区O小学校。校内研修のため全クラスを参観。廊下を歩いていると、学校図書館に子ども達がいるのが見えた。すいつけられるように図書館に入ってみる。自習なのだろうか、先生の姿は見えないので、それぞれ思い思いのポーズで、子ども達は数人で固まり、本を囲んで話をしたり、調べ物をしている子どももいる。その一角で韓国からきたY子がハングルで書かれた民話の絵本を開いて、3人の友人にむけ、この本に何が書かれているかを日本語で説明している。みな興味深く冒険の話を聴いている。3人の中には、白人の子どもの姿もある。3カ国の子ども達が一冊の本を共同でみつめあい、わらいあって楽しんでいる」

これは、私が学校を訪問した時につけているフィールドノーツ（フィールドワークの際の観察メモ）の、ある一節です。O小学校は、さまざまな外国籍の子どもが通う日本の公立小学校です。授業では日本語の教科書を使い、日本語で彼らは話し、学びます。しかし学校図書館には、子どもたちが生まれ育ったさまざまな国の本が少しずつ置かれています。本を通して子どもたちが異なる文化にふれ、言葉が交され理解し合うことが、日々の暮らしの中で、ごくあたりまえのように行なわれています。国際理解のために特別にしくまれた授業ではなく、本の魅力に引きつけられた子どもたちの中に本を介した絆ができ、暮らしの中で本を通して異文化と出会い、子どもたちが育っていくのを感じた一場面でした。

「親と子の20分間読書」を戦後まもなく唱えられた椋鳩十さんは、『心に炎を　読書編』の中で、読書を食べ物と似たものとして、以下のように語られています。

「私は、読書も食べ物も、たいへん、よく似たものであると思う。料理されたものを、ただ見るだけでは、料理の味をほんとうにみることはできない。この料理の中にビタミンAやBやCがどんな割合で入っているかということを知っただけでは、料理の味がわからぬ。料理の味がわかるには、まず舌の上に、のせてみなければならぬ。食べてみなければならないのである。読書も、読書ずきになるためには、読書の味がわかるということが、第一条件である。読書への慣用づけとは、読書

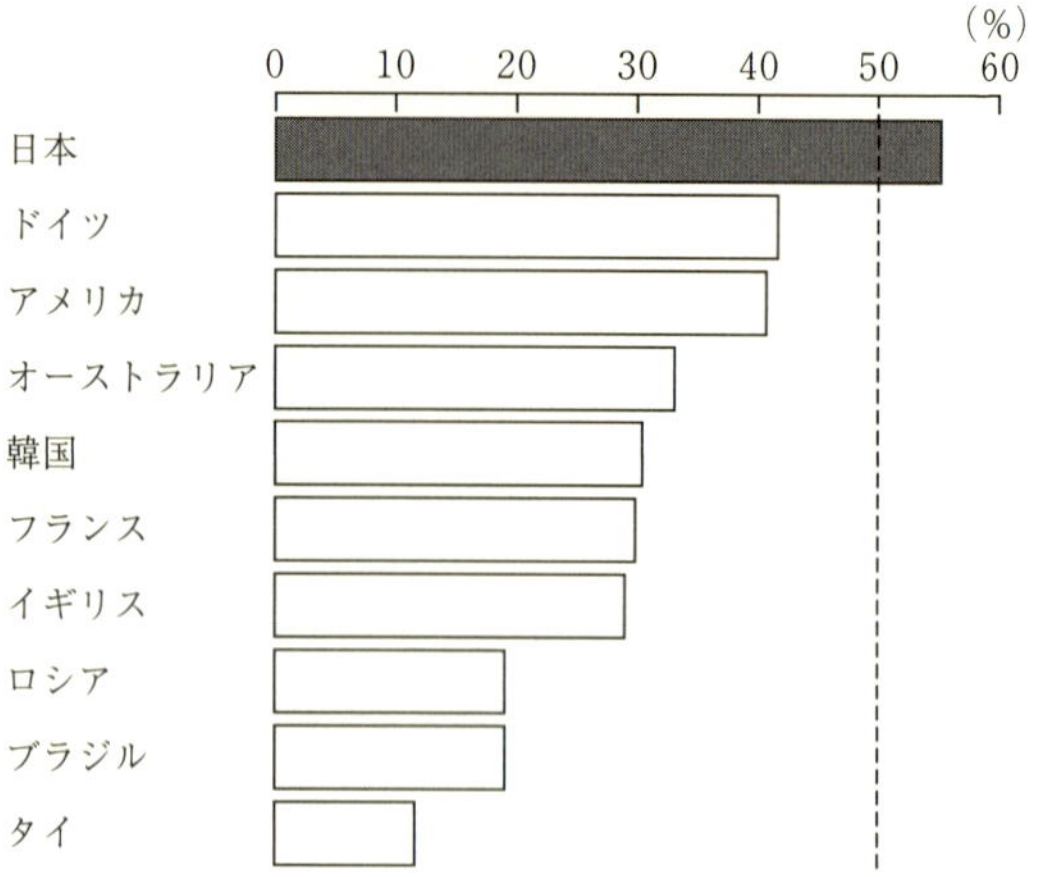

図1-1「趣味で読書することはない」と答えた子どもの割合
（OECD 生徒の学習到達度調査、2000年）

の味のわかる環境づくりであらねばならない。味のわかる環境作りとは、幼い子どもに、読書の大切なことを、説きふせることとは違うようである。そしてまた親が、読書している姿を、子どもの心にうえつけるだけでもないようである。子どもの心の中に、直接、読むことの味を流してやることなのである」（椋、1983）

しかし、実際には図1-1に示すように、現在の子どもの生活の中では、読書は食事のように暮らしの中にあるものではなくなってきている実態があります。

2004年に文部科学省が行なった「親と子の読書活動等に関する調査」によれば、小学二年・五年・中学二年・高校二年（合計約2300名）の8割以上が「本を読むことが好き」と答えています。しかし、本よりはマンガを多く読み、地域の図書館に1か月に1回以上行った児童・生徒は38・5%、しかし1か月の間に読んだ本のうちで地域の図書館および学校図書館から借りた本を読んでいる子どもは小学二年生では多いのですが、五年生以上では地域の図書館ではまったく本を借りないという児童・生徒が70・9%、学校図書館でもまったく本を借りないという児童・生徒が42・6%でした。子どもの7割近くが地域の書店へいく回数は月1、2回、という結果も報告されています。

この意味では、小学校低学年では利用されていても、後高学年以上の子どもたちにとって十分にまわりの読書環境が利用される状況にはなっていないといえるかもしれません。そこには、学習等に忙しいという時間の問題と、ゲーム、ビデオや携帯などさまざまな情報メディア環境にさらされているという物理的環境の問題があるように思います。

2　言葉の力と読書

しかし、日本の子どもたちのそのような読書環境は結果として、PISAなどの国際学力テストでの読解力の低下にも表われているように、学力としての言葉も、人と人とを結ぶ日常の言葉の力も衰退してきているように思います。言葉の力ほど、日々の暮らしのあり方の影響を受け、また暮らしの中で培われるものはないように思います。特に読むことについては、読書ほど大きな影響を子どもに及ぼすものはないでしょう。本は歴史をかけて社会が作り出してきた言葉の芸術作品であ

やねうら

り、文化的産物であり、そして次世代への文化的道具でもあります。言葉だけは、特定の授業を受ければ急激に目に見えて力がつくというものではないと思われます。

文部科学省でも２００６年２月の中央教育審議会初等中等教育分科会中間報告でも「言葉は確かな学力を形成するための基盤であり、生活にも不可欠である。言葉は他者を理解し、自分を表現し、社会と対話するための手段であり、家族、友達、学校、社会と子どもをつなぐ役割を担っている。言葉は思考力や感受性を支え、知的活動、感性・情緒、コミュニケーション能力の基盤となる。国語力の育成は、すべての教育活動を通じて重視することが求められる」としています。

この言葉の力の根底には、自己や自分の生き方を考え、世界や他者を想像する力があります。それを読書は支えてくれるのです。

『やねうら』（ハーウィン・オラム、１９９６）という絵本は以下のような言葉で始まります。

おもちゃは　たくさんあるけれど　なんだか　とっても　たいくつだ
ぼくは　やねうらに　のぼった

ねずみのかぞくを　みつけた
かぶとむしも　いた　すずしくて　しずかなばしょで　ひとやすみ
くもといっしょに　くものすを　つくった
まどを　あけると　いろんなせかいが　むこうにみえる
ふるいエンジンを　なおして　そらを　とんだ
そとに　だれか　いないかな
ともだちを　みつけた
そして　ふたりで　いつまでも　あそんだ
やねうらから　おりて　おかあさんに　はなしたら「でも　うちには　やねうらなんてないはずよ」っていうんだ
おかあさんは　しらないんだ　だって　やねうらに　のぼるはしごは　ぼくしか　もっていないから

子どもの心にある「やねうら」、つまり秘密の内面は、大人の目には直接は見えません。しかし、この想像力が子どもの内面に自己を形成し、他者や世界との心の結びつきや思考のための言葉の獲得をもたらします。そしてさらに自己内対話を生み出します。思考のための言葉は、心の中に自分

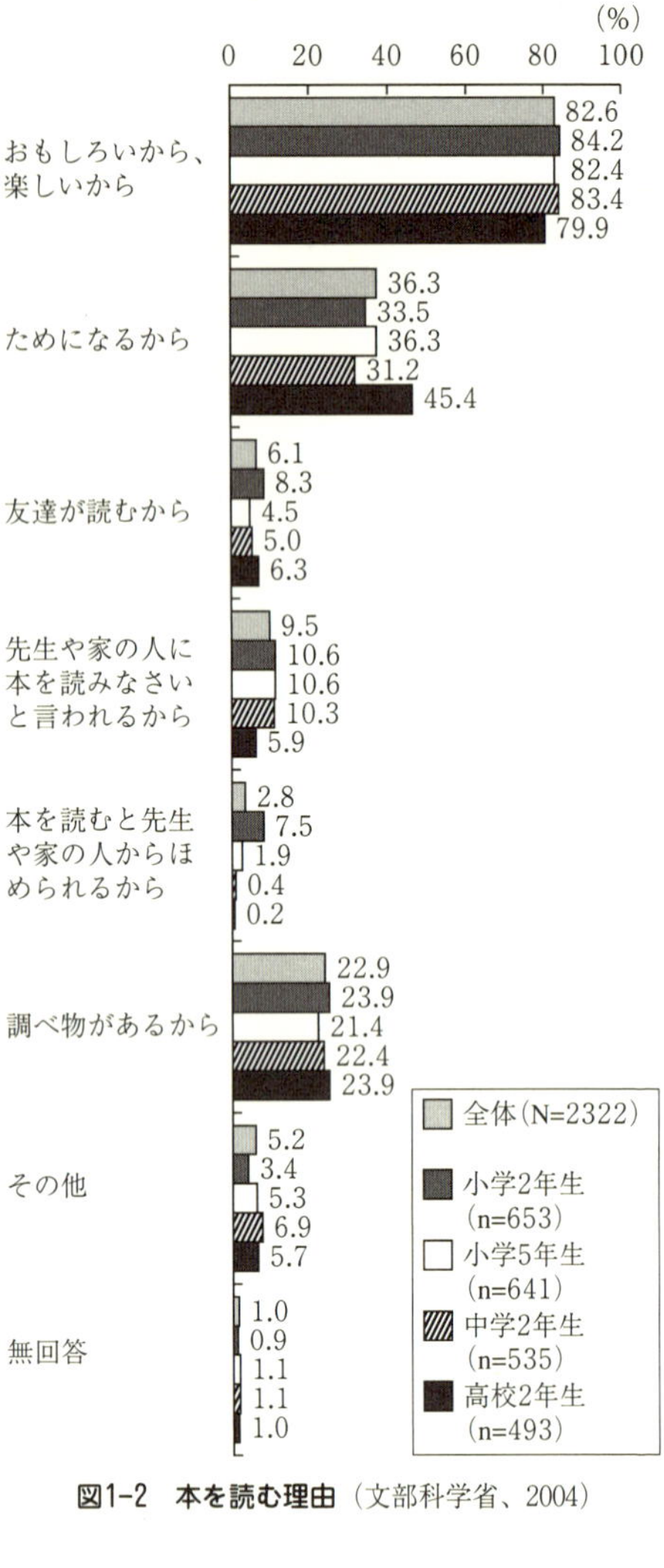

図1-2　本を読む理由（文部科学省、2004）

なりの出来事の空間を形づくることによって育ちます。情報が氾濫し、流暢な言葉が子どもの耳に流入してきても、それは必ずしも心には届かないことは、多くの人が体験してきていることです。心に届く言葉は、語る人の思いや技によって洗練されたものであり、心の内奥から生まれたものです。それを聴き取り、読み取ることで自分の言葉を肉づけしていくことが、子ども自身の言葉の力

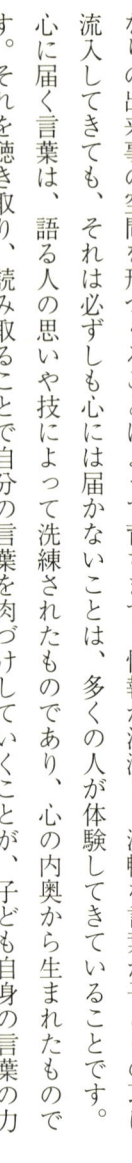

を作っていくといえます。

子ども自身が読書において求めるはたらきは、さまざまな情報収集という学習的側面もありますが、最も深く求めているのは心に届く言葉にふれ、豊かな言葉や思想で満たされる点ではないかと思います。それは大人から強いられてすることではなく、自分から求めることですから、楽しいものです。先に紹介した「親と子の読書活動等に関する調査」の中で、子どもが読書をする理由と親が子どもの読書に対して期待することを示したグラフが、図1－2と図1－3です。もちろん、調査の選択肢をどのように設けたかということもありますが、子どもはおもしろくためになると思うから読む（小学二年生、82・6％、五年生、84・2％）のに対し、親は読解力（71・2％）や知識（64・8％）など学習に目を向けているところに親と子でズレがあるように思われます。たしかに本を読むことによって読解力や知識は身についていきます。け

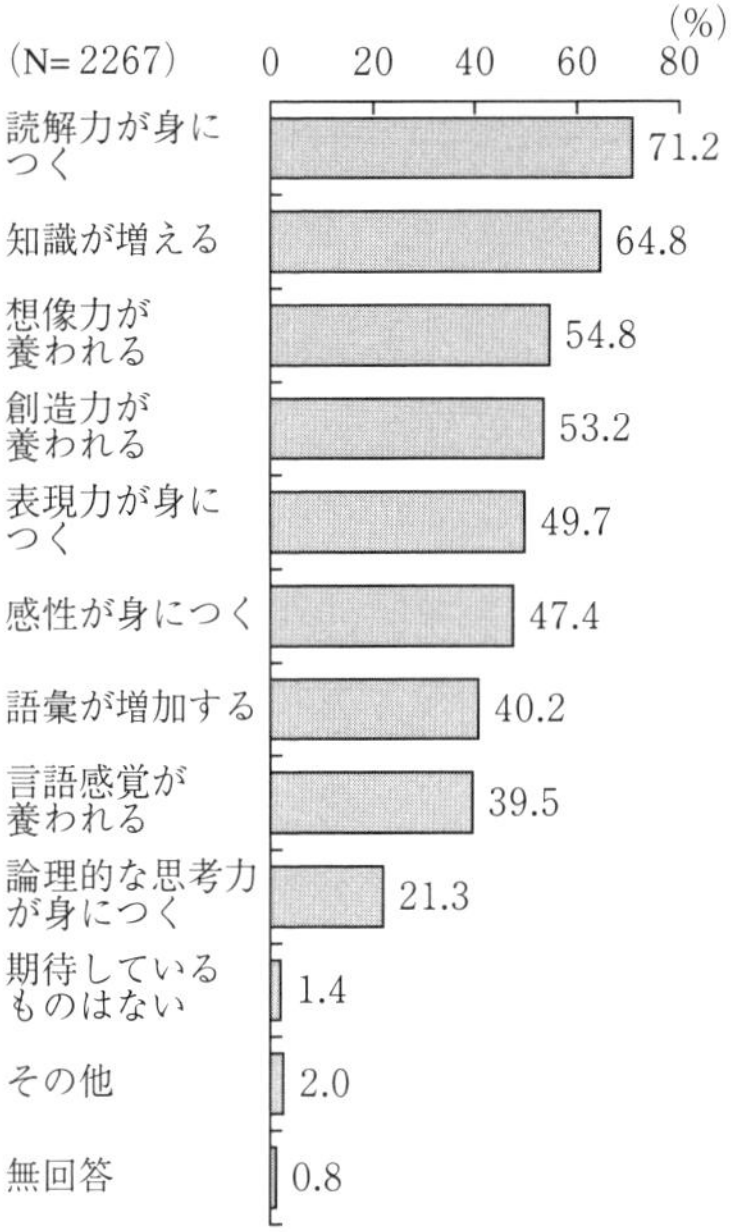

図1-3　子どもの読書に対して期待すること
（文部科学省、2004）

れども、子どもが読書に求めているものは、いわゆる目先の力だけではない、本というメディアでしか得られない楽しみであり、自分の生き方への指針なのではないかと思われます。

　読書が育てる言葉の力を、読解力や文字・語彙・内容知識という知識や技能に分類してみるだけではなく、「経験」としてより深くとらえ、それらがどのように発達するのかを考えることが大切なのではないかと思います。このことをふまえ、次章からは、子どもたちの読書に実際にかかわってきた方々とともに考えていくことにします。児童期は子どもの認知能力や社会的能力が大きく発達変化する時期であり、小学校低学年から中・高学年への移行とともに読書も変化します。その架け橋として何が必要かを考えることが、読書によって言葉を育てることの鍵になると考えられます。

2節　読書コミュニティのデザイン

1　読書環境への視座

　子どもの読書に関しては、2000年の子ども読書年、2001年の子どもの読書活動の推進に関する法律、2005年の文字・活字文化振興法の制定と読書環境の充実への動きが進んでいます。

朝の読書をはじめとして、学校での読書活動も積極的に進められてきています。しかし、子どもの日々の暮らしの中での本の経験を見てみると、子どもの心と読書環境をつなぐ結び目となるノットワーキング（knotworking：人々のつながりが変化し続けるダイナミックな関係性の中で結び目をつくること）は、まだゆるいままのようにも思われます。環境は物理的にあればよいのではなく、その環境と出会うための文化的環境が必要であり、物理的環境と子どもをつなぐ社会的環境としての人が必要です（秋田、1998a）。

また、読書を特別な環境としてしつらえるのではなく、子どもの日常生活に浸透し位置づくようにすることが必要です。大人の生活の中では、本のある暮らしが喪失し、携帯やパソコンなど、電子情報メディアに頼る生活が浸透してきています。この中で子どもにのみ読むことを求めるのがむずかしいとすれば、誰がどのように子どもの読書環境を創出していくことが必要でしょうか。スタンドアロン型のパソコンからインターネットでつながることによってパソコン環境が大きく拡張したように、読書においても特定の部分だけの努力だけではなく、子どもを中心にして大人が手を携えてネットワークを作り、分散型環境を形成していくことが必要となってきているといえます。

本書はこの視点にたって、子どもの暮らしの中にどのように読書を位置づけることができるのか、読書環境やネットワークのあり方を、政策や海外事例から「こうあるべき」と移入してくるのではなく、実際に起こってきている出来事をもとに考えてみたいと思います。

秋田（1998b）は当時まだほとんど使用されていなかった「読書環境」という語を提示し、読書環境について三つの見方を提案しました。第一は「社会文化的活動への参加」という見方です。子どもはある社会文化の共同体の中で生活しています。そして大人に導かれながらその共同体に参加し、まわりの状況に支えられながらしだいに自立的に活動ができるようになっていくという道筋を発達としてたどります。読書においても読書コミュニティへの参加という視点で、本を読み合う大人と子どもの姿を考えることができます。そして第二には、環境は与えられるだけのものではなく、大人も子どもも年齢にかかわらず、活動への参加者がともに構成していくものという考え方です。読書の文化や環境、活動は子どもとともにつくるということです。そして第三には環境を子どもと接する直接的な環境だけではなく、間接的な環境まで含めシステムとして広い視点からとらえるという視点です。

ただしこれは俯瞰的な環境への見方であり、読書実践の事実は生活の中に埋め込まれてあります。あらかじめ用意された地図の森を見て、行くべき道や方向性を論じるのではなく、森の中を一緒に歩いていくことで、子どもの旅の経験が見えてきます。子どもの経験から見ると、環境やコミュニティは、本を実際に読み聞かせてくれたり、一緒に本をともに読んでくれる大人たち、その本の背後には読む本を作る人たちや編集する人たち、そしてその本を読み手に手渡してくれる人たちというくつもの層があるように思います。そこで次章以後は、実際に子どもの読書の旅に寄り添った形で、読書環境や読書コミュニティについて考えてみたいと思います。

2 読書コミュニティとは

では、子どもが参加する読書コミュニティをどのように考えることができるでしょうか。読書コミュニティについていろいろな場でお話する機会をいただくと、関心をもって聴きにきてくださる方や、質問をしてくださる方、そして同じことを考えているといってくださる方に出会います。本シリーズの前作『本を通して世界と出会う――中高生からの読書コミュニティづくり』でも紹介しましたが（秋田、２００５）、読書コミュニティは「読書文化へ子どもたちの参加を誘い、ともに読書生活を楽しむというビジョンを共有する、市民としての自主性と主体性と責任を自覚した人たちによる集団体系」「読書という話題に関して関心や問題を共有し、その分野の知識や技能を持続的に相互交流して生み出し、共有し実践を深めていく学習者ネットワーク」です。そこには、作家、編集者、司書、学校図書館司書、司書教諭、書店といった専門家もいれば、読者としての大人も子どもも含まれます。地域で読書にかかわっている人が同じビジョン、展望（読書をすべての子どもたちに、本を読む楽しみをともに）をもつことで相互につながり合うことができると思います。学校図書館協議会や21世紀活字文化プロジェクト、地域の子ども読書推進協議会のようなフォーマルなものもあれば、地域の公立図書館や学校図書館での活動によって知り合いになった人の輪のようなインフォーマルなものもあります。そしてさまざまなところで活動をしている人がネットワークを築くこともあります。

そしてこのようなコミュニティができているところには、共通したコミュニティのデザインがあります。それを表1－1に「読書コミュニティのデザイン原理」として示しました。展望としての「ビジョン」を共有し、一緒に読書をめぐる活動〈＝こと〉を行ない、特定の組織への所属意識や役職ではなく、読むことを楽しむ学び手〈＝ひと〉として参加し、本の〈＝ものとしての〉独自性を大切にするという意識です。そして継続的に読書にかかわれる「時間」や「場」をどのように設定・設計するかということです（詳しくは、本シリーズ第1作をご参照ください）。最終章ではこのデザインがどのようにあるのか、大人と子どもの関係性と経験を通して整理して考えてみたいと思います。

それでは、子どもと大人の読書の森へ旅に出かけ、私はそれを地図に書いてみるという仕事を始めようと思います。

表1-1　読書コミュニティのデザイン原理（秋田、2005）

〈ビジョン〉
1　読書をめぐる実践を子どもと共に行なうことを通して、市民としての読書生活を作り出す。
2　読書コミュニティはコミュニケーションの軌跡が記録され物語られることによって、コミュニティ意識や成員アイデンティティを作り出す。

〈こと〉
1　本を通して人と人が出会い語らい、絆が生じるような対話型活動とそのシステムをデザインする。
2　本を通して、子どもたちが新たな自己や他者、世界と出会う出来事をデザインする。

〈人〉
1　組織の境界に縛られることなく、活動に参加することで連携する。
2　大人は指導者（ディクダシオン）ではなく、デザイナー、コーディネーター、アニメーターであり、共に学ぶ学び手として機能する。

〈もの〉
1　「物」としての本と著者性（オーサーシップ）を大事にする。
2　学校教育で提供される知識や情報だけにとどまらず、多元的な価値や智慧、出来事を提供できる本と出会えるようにする。
3　本をめぐる活動の語りや考えの記録（映像・文書）が読書活動のシステムを支え、新たな読書ネットワークを作り出す

〈時間〉
1　日常的な長期継続的活動（帯単元、帯時間など）によって支えられる
2　祭り等のイベントが改めて日常を見直し、成員間の一体感を作り出す

〈空間〉
1　学校図書館・公共図書館や書店という特定の場所がセンターとなると同時に、分散的な読書空間がデザインされることによって有効に機能する。
2　読書の空間は、多様な機能を担う混在した場として機能する。

2部　読書で育つ場のデザイン

暮らしの中に生きる読書

2章 読み手のいる場

1節 地域での読書環境

1 一緒に本を読むということ——さまざまな場面で出会った大人たち・子どもたち

黒木秀子（アニマシオン勉強会・読書と作文の教室パウルーム主宰）

私は9年前に「読書へのアニマシオン」という読書教育法と出会い、現在は各地でその紹介活動をしています。「読書へのアニマシオン」とは、本を読めない子どもを読み手に育てるためにデザインされた読書教育のプログラムです。私のベースの活動は月例の「アニマシオン勉強会」です。これは始めてから6年目を迎えました。また、自宅でささやかな教室を開いて、子どもたちと一緒に読書と作文のひとときをもっています。

1．一緒に本を読んだ大人の方へのアンケート

この本の執筆の話をいただいた時、私は、子どもの読書にかかわる大人たちの生の声を聞き、集めてみたいと思いました。そこで、2005年10月中旬から12月初旬にかけて、各地の小中学校教員の研究会、研修会、学校図書館関係の集まり、図書館の子どもの本講座、読書サークルなどへ出向いた際に、そこでお目にかかった方々にアンケートをお願いしました。アンケートの手渡し配布数は250部、そのうち、後日郵送で105部の回答をいただきました。お願いした対象はアニマシオン体験講座など、その時どきになんらかの形で私と一緒に本を読む体験をしてくださった方です。

(1) 設問と集計結果

アンケートでは、子どもの読書になんらかのかかわりをもっている方々にご自身の幼少期の体験をうかがい、現在の子どもとのかかわり、現在のご自身の読書のスタイルなどを重ねてうかがいました。それによって、直接子どもにかかわる方の読書への意識がさまざまな角度から浮き彫りになることを願いました。

アンケート内容は以下のとおりです。また回答者の年代・性別・職業を表2－1に示します。

1．
A　ご自身の小さいころに、読み聞かせをしてもらったことがありますか。
B　小さいころに読んだ本で印象に強く残っているものがありますか。
C　小学校生活で読書に関連して印象に残っていることがありますか。
D　小学生時代に公共図書館を利用した記憶がありますか。
E　ご家族と、本や読書に関連しての思い出がありますか。

2．
A　お子様に読み聞かせをなさっていますか、またはなさっていましたか。
B　ご家庭で本や読書について話題になることがありますか。
C　お子様以外のご家族と本や読書について話すことがありますか。
D　ご家族で公共図書館や書店、読書イベントなどへ出かけることがありますか。
E　ご家庭の蔵書数（ご家族所持分を合わせて）は大雑把にどのくらいですか。

3．
A　小学生の読書について日頃お考えのことをお聞かせください。
B　困難を感じていることなどありましたらお教えください。

4．
A　ご自身は読書記録をつけていらっしゃいますか。
B　年間読書数がもしおわかりでしたらお願いします。
C　好きな本、好きな作家、絵本作家、翻訳家など。
D　日頃お感じのことをご自由に。

1．では回答者ご自身の子ども時代のことを、2．では家庭をおもちの現在のことを、3．では現在お感じのことを、4．では現在のご自身の読書生活をお尋ねしました。

(2) 子ども時代の読書、現在の家庭での読書

読み聞かせについては、現在40歳代、50歳代の方の半数近くは「してもらった」経験はないけれど、その世代の方が子どもをもった時に全体の9割近くがわが子に読み聞かせをしてきたことが読

表2-1　回答者の年齢、性別、職業

（人）

年代		性別	
20　代	5	女	62
30　代	23	男	4
40　代	51		
50　代	25		
無記入	1	無記入	39
計	105	計	105

（人）

職　業	
主　婦	44
教　員	31
公共図書館員	7
学校図書館関係	15
会社員	2
その他	2
無記入	4
計	105

表2-2　自分が読み聞かせをしてもらったかどうか

（人）

	20代	30代	40代	50代	無記入
いつもしてもらった	1	7	5	2	0
たまにしてもらった	1	8	13	5	0
してもらったこともある	1	5	11	4	0
記憶にない	2	3	22	12	1
その他	0	0	0	1	0
無記入	0	0	0	1	0

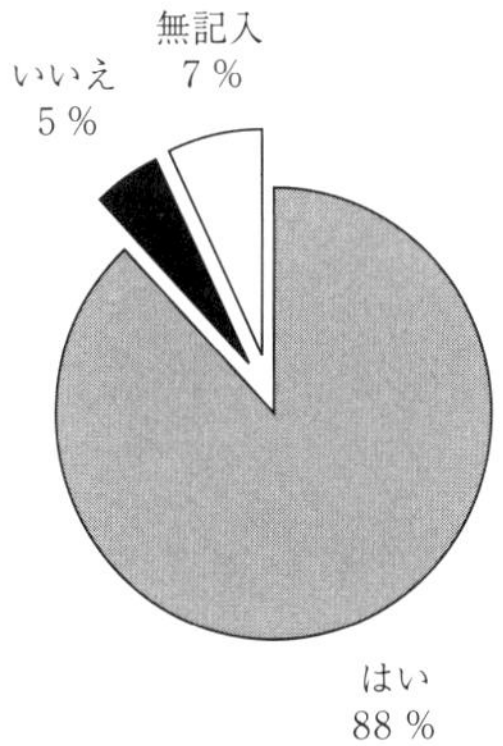

図2-1　自分が読み聞かせをしているかどうか

み取れます（表2－2、図2－1）。読み聞かせについての意識が時代とともに変化してきたことが見えます。

小さい頃に読んで印象に残っている本では、『ひとまねこざる』『ぐりとぐら』『ちびくろさんぼ』『赤毛のアン』『アンネの日記』『アルプスの少女』『ちいさいおうち』『いやいやえん』『フランダースの犬』『ちいさいモモちゃん』『ああ無情』『ガリバー旅行記』『秘密の花園』『小公子』『不思議の国のアリス』『小公女』『怪盗ルパン』『うりこひめ』が複数（各3名以上）挙がりました。小学校生活で読書に関連する思い出がある方は71名、ない方は31名、無記入が3名でした。思い出の内容は、先生の読み聞かせが楽しみだった」（8名）、「図書室の雰囲気や先生が好きだった」（6名）、「感想文が苦痛だった」（6名）、「感想文でほめられて嬉しかった」（3名）、「転校などでなかなか友だちができず図書室に入り浸っていた」（3名）などのほか、「図書室が閉まっていている日が多く残念だった」「図書委員になった」「図書委員になれなかった」「友だちと読書カードの冊数を競争した」などさまざまなことがらが挙げられました。また、「学級文庫や図書室で長編やシリーズを読破した喜び」を挙げた方も多数あり、その書名として「赤毛のアン」「ドリトル先生」「ルパン」「ホームズ」、名作シリーズ、江戸川乱歩、寺村輝夫、SF、推理小説、音楽家シリーズなどの記入がありました。

小学校時代の公共図書館利用は「ある」が48名、「ない」が57名、年代の内訳は40歳代が28名と最

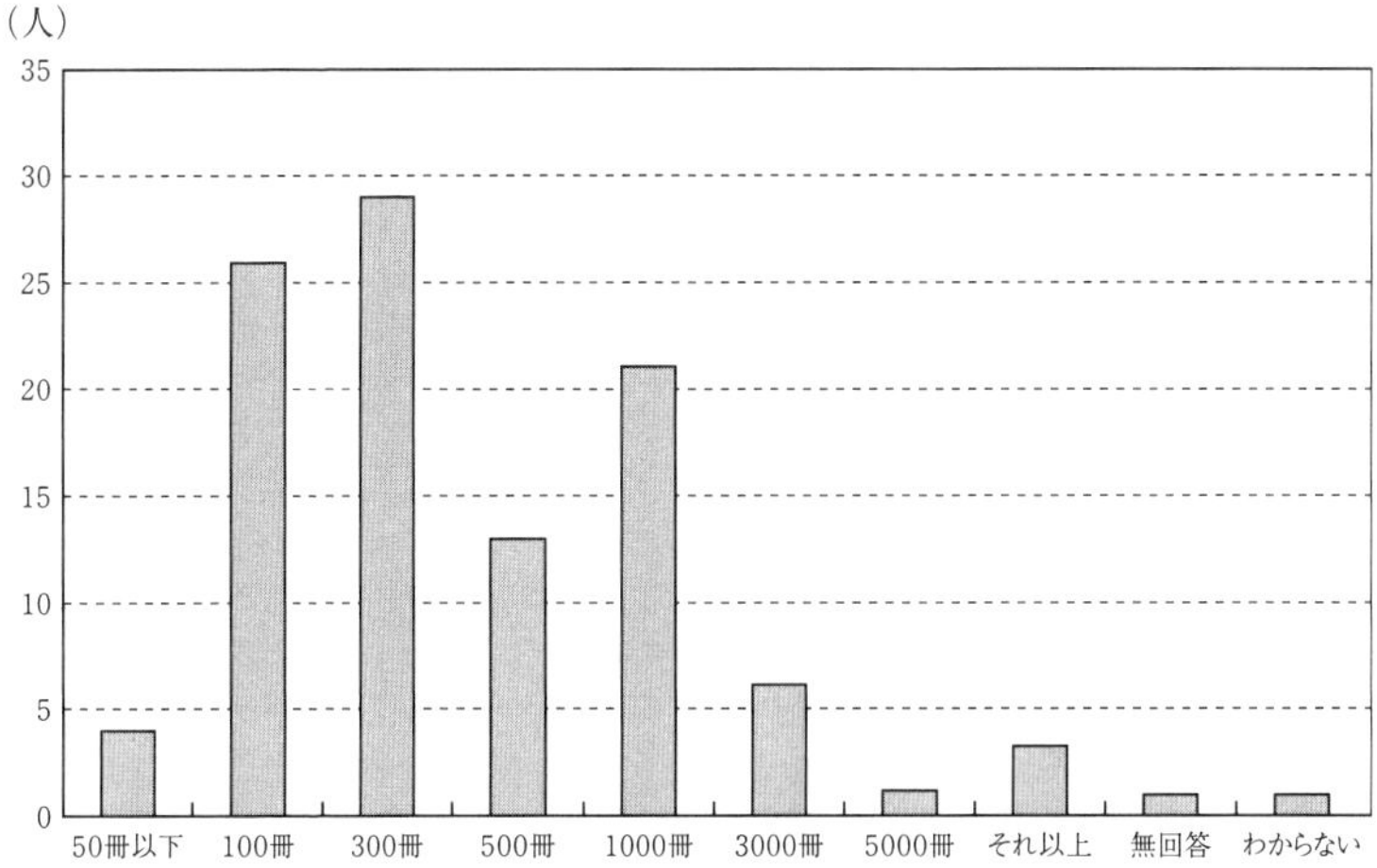

図2-2　家庭内の蔵書数

も多く、次いで50歳代（17名）、30歳代（9名）、20歳代（2名）という結果でした。家族との読書にまつわる思い出は「ある」が72名、「ない」が33名となっています。

現在、家庭で本のことが話題になるかどうかについては「はい」が89名、「いいえ」が9名、無記入7名。お子さま以外とも話しますか、の問いでは「はい」が69名、「いいえ」が31名、無記入4名と、少し「はい」が減りました。家族で読書関係の外出をするかどうかは「はい」が74名、「いいえ」が27名、無記入が4名で、私の予想よりもはるかに高いものでした。家庭の蔵書数は図2－2に示すとおりで、300冊という回答を最も多く得ました。

(3) 絵本から読み物へ、低学年から高学年への橋渡しがむずかしい

アンケートの3．と4．の項目の回答からは、親、

教師、図書館司書など、立場の違いはありながら、現状認識と問題の指摘において際立った共通点が見られました。それは、「低学年への読み聞かせは大切であり、定着してきた。しかし、そこから先の読書への橋渡しができない」ということで、25名の方がこのような主旨のことをお書きになっています。高学年について、もともと本の好きな子どもにおもしろい作品を紹介する以上の方法的接近が必要だと思わされました。

「幼児期に絵本を読んでもらった子が長編の児童文学の読者にならない」「文章から自分の頭で想像していくことをしないままマンガや映画の方へ行ってしまう」（以上、公共図書館員）、「絵本の読み聞かせはさかんに行われているがそれ以降のことに全く注意を払わない現状」「ゾロリや遊びの本（ミッケ、迷路）やマンガから次へのハードルが高い」「安っぽいファンタジー作品にとびつきがち」（以上、学校図書館員）、「絵本から抜け出せない子をどう指導するか」「低学年のときは本好きだが学年が進むと本離れになる」「映像・テレビ・ビデオに慣れている児童には自力で読み進める根気が不足」「子どもが毎日忙しすぎて本を手にする暇がない。暇ができても本を手渡す大人がいない」「高学年になると図書館の利用が少なくなりマンガその他に関心が移っていくのをくいとめられない」「軽読書に走っている」（以上、教員）、「絵本ブームで絵本に触れる機会は増えたが高学年になっても絵本しか読まない子が多い。絵本から漫画へ行く」「中学受験のための塾通いが始まり読書の時間がない」（以上、主婦）

(4) 学校の図書予算や人的配置、カリキュラム、行政など

これらの不備の指摘や、その中でのご苦労は16名の方がお書きです。圧倒的に予算の低さが訴えられています。また、機能的な人の配置もされているとはいえない状況です。行政を含めて早急な対策が必要と思われます。

「学校図書館に専門員が配置されてから、子どもたちの図書室利用の機会が増えた。蔵書面では調べ学習用図書の購入が多く読み物が手薄」「子どもに本を手渡すプロが仕事を継続しながら育成される社会基盤が整うまでには、まだ困難が多い」（以上、公共図書館員）、「図書室の本の購入は前期に限られるので、子どもたちのニーズとずれが生じる」「せめて三年生くらいまでは学校の授業の中で図書室で本を読む時間があれば良い」「本の価格が高い。その割に装丁が甘く壊れやすい」「子どもを読みたい気持ちにさせていくための時間がほしいが指導員は三年で転勤させられてしまう」（以上、学校図書館員）、「なかなか図書室に行くことが出来ない」「本の冊数が子どもの人数分ない」「図書館の仕事（手作業）は泣けてくるほど大変。図書館専属員の存在がないと無理」「学校内の環境（人的・物的・時間的全般）が大切」「図書館教育への行政の取り組みが後退し、図書室・図書環境整備の予算が足りない。特に図書購入費が削減されている」「少ない予算の中で子どもたちが手に取って読みたくなるような本を揃えることは難しい」「図書室が校舎のすみの暗いところにある」「学校に司書が配置されず、バーコード管理のコンピュータが入

ったが、現場では機械よりも人の配置を望んでいる」（以上、教員）、「文庫活動をしているが公共の団体貸し出し用図書の予算が年々減らされていく」（以上、主婦）

(5) 立場の違いを超えてつながっていきたい

子どもの読書にかかわるにもいろいろな立場やかかわり方があります。それぞれについての意見や注文もありました。現場では、自分とは違う立場の人のふるまいについて言いたいことがあるがなかなか言えない、ということはよくあるでしょう。そのあたりについてかなり率直な意見が出ているのではないかと思います。

「子どもの読書は親の役割が大切」（公共図書館員）、「ボランティアさんの中に、子どもでなく自分が認められたい人がいる」「先生が読んであげると子どもは関心を示す。先生の影響は大きい」（以上、学校図書館員）、「教師自身が本を読んでおらず、担任が読書を指導できない」「家で読む習慣をつけてもらいたい」「読書の個人差が公立小では年々広がっている」「図書館に連れて行ってそこにある本を自由に読ませることが図書の時間だと思い込んでいる教師が多い」（以上、教員）、「読み聞かせをしていると、子どもたちはお母さんに本を読んでもらっていないと感じる」「学校の読み聞かせサークルはお母さん方がパートに出て活動ができなくなってきている」（以上、主婦）

また学校図書館と公共図書館、それにボランティアを交えた情報交換が始まっているという報告が1名から、また、そういったネットワークを望む声が2名の方からありました。立場や考え方、また感覚の違いを越えて、子どもの読書関係者のつながりを作りたい、アンケートを読みながらつくづく感じたのはそのことでした。

アンケートの最後の質問4．の、現在の読書生活についての質問は回答も多岐にわたりました。読書記録をつけていらっしゃる方は105人中32人でした。年間読書数は、絵本をカウントするかしないか、職業上の読書を含めるか否かで回答が変わり、正確な集計とはいえなくなってしまいましたが、500冊から数冊までの回答がありました。一番多かったのは年間50冊から100冊の間で、月平均6冊から7冊の読書数となります。

2．子どもの読書環境——三つの場面・四つの内実——

アンケートで多くの方が指摘された絵本から読み物への橋渡しがむずかしいという現状の指摘について、私は、大人と子どもが丁寧に一緒に読む場があれば、これは、解決できる課題であると考えています。たとえば学校などで、大人のリーダーシップのもと、子どもたちが同じ一冊の本を楽しむ場を設定することで、このハードルは決して高くはないものになります。グループで同じ本を読む場面を設定すると、まず、「読み通そう」「読んでおかなくては」という空気ができます。幼・小・中の子どもたちとアニマシオンをしてきて、私はそう実感しています。

表2-3　子どもの読書環境　3つの場面・4つの内実

場面	内実
1．家庭	1．本があるか
2．学校	2．案内役の大人がいるか
3．地域その他	3．本を楽しむ子ども仲間があるか
	4．本を読む時間があるか

「絵本には絵があるけれど読み物にはない、字だけで情景や心情を想像するのが今の子どもにはたいへん」という指摘もありましたが、子どもの視線に立ってみると、挿絵の少ない読み物への抵抗感は「むずかしそう」「楽しくなさそう」「読むのに時間がかかりそう」という印象からくるのではないでしょうか。それは一緒に読んで「楽しかったね」と語り合うことで越えられると思います。「それで本を読むきっかけはできるかもしれないが、本当に読み取れない子がいる」というお声もあるでしょう。私もそういうお子さんをたくさん見てきています。一度や二度一緒に読むのではなくあせらず長い目で、ずうっと一緒に読むことが、その子を「読み手」に育てるのではないでしょうか。読み聞かせやブックトークなどの本の紹介活動が定着してきた今、次の課題はこの点ではないかと思います。

これらのことを考えながら、あらためて自分なりに、子どもの読書環境について整理してみました（表2－3）。子どもの生活場面のそれぞれにこの四つの内実がある時、読書環境が整備されたといえるのではないでしょうか。たとえば、家庭に本があるか、家庭に案内役の大人がいるか、家庭で本に関する楽しい会話があるか、家庭に読書の時間があるか。学校には、地域には、この四つがあるか。このように表をご覧いただきたいと思います。

内実の1．と2．はどなたも異論のないことでしょう。また3．の「本を楽しむ子ども仲間」の形成の成否によって，高いと思われたハードルはゆうゆうと越せるものにもなると思います。そして，その中で子ども自身が自分で読書のための時間を作っていくようになる時（内実4．），子どもは本の豊かな世界に住めるようになるのではないでしょうか。

3．パウルームの子どもたちの作文から

それでは，実際の小学生たちはどんな読書生活をしているのでしょうか。これについても私は，一緒に読書をしている子どもの声を聞きたいと思い，「読書と作文の教室パウルーム」の小学生に作文を書いてもらいました。パウルームへは数人ずつの子どもがそれぞれ週1回通ってきて，本を読むことと文章を書くことの練習をしています。また，月に1回程度，アニマシオンのスタイルを用いて，みんなで同じ本を読んでいます。

作文は原文のままですが，紙幅の都合で一部割愛しました。学年は当時のものです。なお，文中，パウちゃんとあるのは私のことです。

パウルームについて

五年　尾崎　有美

私は2002年の11月14日にパウルームに入りました。最初は知らない人がけっこういてどきどきしました。でも何回も通っているうちにだんだんどきどきは消えていきました。

パウルームでは、入ったころはほぼ毎回音読をしてみんなに聞いてもらっていました。私が最初に音読した本は『よかったねネッドくん』です。最近は音読をほとんどやりません。「読書と作文の教室パウルーム」なので、もう一度ほぼ毎回音読をしたいです。

パウルームでは毎回「読書ノート」という物に今週読んだ本を書きます。そして、自分の読んだ本をみんなに発表します。たまにパウちゃんが「それどんなおはなし？」と聞いてくることがあります。そういう時は、その本の内容をおおまかにパウちゃんに話します。読書ノートの良い点は、今までに読んだ本が見直せることです。私はたまに読書ノートをみかえして「こんな本も読んだんだな」だとか「この本おもしろかったよな」など思います。

パウルームでは、作文の他にカルタや百人一首をやります。私はカルタや百人一首はあまりとれませんが、作文より好きです。カルタは小林一茶カルタが好きです。「日本は入り口から桜かな」などが好きです。

最後にちょっとおかしいかもしれませんが私の好きな百人一首の中の一首を紹介します。「春すぎてなつきにけらししろたえの衣ほすちょう天のかぐやま」。

有美ちゃんは塾の曜日との折り合いがつかなくなったため、2006年1月でパウルーム小学生の部を卒業しました。この作文は最後の日に記念として書いてもらったものです

次からは、2005年11月に書いてもらった読書生活の作文です。

私と本の付き合い方

四年　八十河　紗衣

私は小さいころ、お母さんとお父さんに本を読んでもらいました。毎日、夜が待ちどおしかったです。なぜかって、本を読んでもらうのが好きだったからです。しかし、時どき、ねむりの馬車がお母さんを迎えにくるのです。今、私はふりかえって、「お母さんもストレスがたまっていたんだ」と思います。

小学生になり、学校の図書室を週に三回ぐらい利ようし、土曜日と日曜日など、近くの図書館に行っていました。長い本が読めるようになり、本の内容を母に言うと、「へぇ、そうなんだ。楽しそうだね」と言ってくれます。その一言を聞くと、お母さんにもっと本を紹介したいと思って読んでいます。本はみんなをなぐさめてくれます。いやな事があっても、かなしい時でも、おこっている時もいつでも。だから、ぜひ本をいっぱい読んでください。

パウルームの楽しいムードの作り手だった紗衣ちゃんも、1月で卒業しました。高学年になってくるとお稽古事や塾との曜日調整がたいへんです。

ぼくと本のつき合い方

四年　田村　優介

としょかんではお話会がぼくはいちばんすきでした。昔はよく母に本を読んでもらったものです。でも今はそれとはぎゃくで読んでもらいなんかしませんし、学校の図書室ではまともな本も読めません。なので本のことがきらいになってしまうのです。今と昔は変化がはげしいのです。例えばマンガ、テレビ、ゲームにつられよく読めないのです。読んだとしても学習の本になってまともな本を読むなんてとてもむりです。でもしかし家には本がたくさんあります。まるで本家族です。
　昔はよく本を読みました。理由はじゅくなどにも行かなかったし、勉強しなくてもこまらなかったからです。今と昔は差が大きいです。では仮に、勉強しない、じゅくには行かないとしたらじゅうぶん本を読めるかというと、分からないと思います。きらいなのではなく、つかれているのです。仮に昔のじょうたいにしても、読めないのではないかと思います。

　優介くんはこの作文を書くのに苦闘しました。幾度も書き直しましたが、なかなか本人なりに納得がいくものにはなりませんでした。それは優介くんが「本はよいものです。ためになります。たくさん読みましょう」というような表面的な筋書きに批判的な感覚をもち始め、なぜ今自分は慣れ親しんだ本の世界から遠ざかろうとしているのかを、自分の言葉で組み立てようとしたからだと思います。途中で彼は作文の題を「本を読まなければならないことへの抗議」に変えていましたが、それもまた考え続ける中でボツになったようです。優介くんが小さな頃から本の世界に親しみ、その味を知っていること、それは作文中の「まともな本」という言葉遣いにも表われています。いつも饒舌な優介くんには、苦闘しながらも「うんと生意気に」言葉の世界をつかんでいってほしいと願っています。

私と本のつきあい方

四年　安久津　育美

私は、小さいころお父さんやお母さんに本を読んでもらいました。お母さんには、一日一さつねるときに、絵本を読んでもらいました。お父さんには、小説などをねるときに読んでもらいました。その中で記おくにのこっているのは『おおかみと鳥』という本や『うさぎの目』という本や『銀河鉄道の夜』などです。

私が大きくなり、幼ち園の年長になると、図書館にも行くようになりました。お母さんのおすすめの本をかりたり、私のかりたい本を借りて、家で読みました。時には、コミュニティセンターや本の家のお話会に参加して、本の読み聞かせを聞きました。ある時は、本を読んでおどったり、またある時は、詩やかみしばいを自分で読んだりしました。私が小学生になると、学校の図書館や区の図書館に行く機会がふえました。また、本をめぐって母といいあらそいをしたりもします。私は週に四～五さつくらい本を読みます。

今の自分はテレビを見る時と同じくらい本を読むときのしゅうちゅう力が上がったと思います。私は中学受験をするのでじゅくに通っています。じゅくの勉強が大変で、本を読む量がへっています。むずかしい本を読むと、つかれたりするので、たまに絵本も読みます。

四年生になってから、自分で本を書くようになりました。今も自分で本を書いています。本は、自分の空想をみんなに知らせる手紙です。ぜひ、自分で本を作ってみてください。

たくさん読む子には自然と「書きたい」という気持ちが芽ばえるようです。育美ちゃんも家で書いた「お話」を持ってきて読ませてくれます。

私と本

三年　上田　聡美

小さいころ、お母さん、お父さんは絵本をたくさん読んでくれました。読み聞かせを一番してくれたのは『ゆかいなかえる』という絵本です。その絵本のセリフをおぼえてしまいました。

私は図書館でお話し会を聞いた事があります。その時に絵本を読んでいる人は、なぜ上手なんだろうと思いました。私のお母さんは、ようち園のころ、「かがくのとも」や「こどものとも」をいっぱい買ってくれました。今でも、家の本だなに、あります。

小学生になり、だんだん絵本を読まなくなり、むずかしい本を読むようになりました。そして、図書館に行き、自分の読みたい本をえらんで読みました。学校では時々図書室でお話し会をやっています。ほかにも、くじを引き当たったらしおりなどをくれます。

今は、図書館に行かなくなりました。お父さんやお母さんが本をかりてきてくれます。図書室にも、用事がある時だけ行きます。雨の日は、音楽室で遊んでいるからです。

学校で本をしょうかいしてくれたりしませんでした。でも、親は本をしょうかいしてくれます。「この作者の本もおもしろいってさ」などいってしょう会してくれます。今、お母さんやお父さんとごはんの時、本の事を話します。その時、私がせつ明してもお母さんやお父さんがわかんなかった時、「もう面どうくさい、自分で本読んで」と言ってしまいます。

家には三百五十さつ～四百さつくらいあります。自分の本は二百さつ～三百さつあります。私のオススメの本はリンドグレーンさんが書いた本です。本はべん強のあい間に読まなくてはならないので、少したいへんです。マンガはあまり読んでいません。ゲームは時々やりますが、本の方がたくさん読みます。

以上、私と本のせつ明でした。

聡美ちゃんのお父様は本章3．「わが家にとっての公共図書館」の執筆者である上田岳さんです。この、子どもたちの作文は、「小さな頃のこと」「幼稚園の頃のこと」「小学生になって」「図書館に行くか」「学校ではどうか」「自分の本は何冊くらい持っているか」など、15項目くらいの質問を挙げて、そのうちの答えたいことについて書くという形で書くことをうながしました。パウルームで一緒に読んだ本についての項目は作らなかったので、ここで補足をさせていただきますと、この小学生たちは今年度、『ハンカチの上の花畑』『ファーブルの夏ものがたり』『ふしぎの森のミンピン』『おじいちゃんがおばけになったわけ』『青い星』『きゅうりの王さまやっつけろ』『ジェレミーとドラゴンの卵』を読んでいます。ちなみに、パウルーム中学生の部は、今年度『かかし』『祈祷師の娘』『星の牧場』『シャバヌ　砂漠の風の娘』『カモ少年と謎のペンフレンド』『川べのちいさなモグラ紳士』『リトル・ソルジャー』を読みました。

自分のすきな本と、本とのつきあい方

三年　斉藤　裕一

ぼくは本をぜんぜんよまないけどすきな本があります。一年生のときによんではまった本です。その本は、『ゴジラ・クロニクル』という本です。昭和29年のゴジラから平成7年のゴジラVSデストロイヤの話の内ようが写真つきでかいてある。次に自分と本のつきあいかたです。ぼくはときどきお母さんからよみきかせをしてもらったことがあっておはなし会へほとんど毎日いっていました。本はときどきかってもらいます。今週は九冊くらいよみました。図書館には週に二回です。学校の図書室にはつきに二、三回いきます。先生は本とかをすすめません。親は本をすすめます。家族と本の話はしません。自分の本は百五十さつぐらいです。自分の家には三百さつぐらいです。

裕一くんは「ぼくは作文きらいだよ」と言います。その理由は「だって、書こうと思うと次から次から書きたいことがバーッと浮かんできちゃって、手で書くのが間にあわないから」とのことです。今回はちょっとがまんしてもらってアンケートに答えるように書いてもらいましたが、ゴジラのお話についてリクエストすればよかったかなと悔やんでいます。

ぼくと本

三年　中山　和輝

ぼくは小さいころは本を読む方ではなかった。ぼくは長い本でおもしろければ二、三日で読んでしまう。学校のお話会には年に二、三回行く。

ぼくは山中ひさしの本が好きだ。それはなぜかと言うと長い本が多いけど主人公はどうなってしまうのかそれがドキドキしておもしろいのだ。ぼくはまどみちおの詩が大好きだ。それはなぜかと言うとたんぽぽの詩でイヌやカラス、チョウチョウのたんぽぽのよび方がおもしろいからだ。

パウルームに来るようになってから本をたくさん読んだ。ぼくは詩が大好きだ。

ぼくはおもしろそうな本があるとお母さんに、「これかって」と、たのむ。ぼくの一週間に読む本の数の平均は三さつから五冊くらいだ。学校の図書室に行く回数は五、六回だ。家の自分の本ばこにある本は二百さつくらいで、家の本ばこには五百さつだ。

　ぼくは詩を書く筆者はまどみちおが好きだ。

　ぼくは勉強よりも本を読む方が楽しめる。ぼくはゲームとマンガにちょっとだけかたよっているけれども、ぼくは『星もぐらサンジの伝説』が好きなのでおすすめする。

図2-3　パウルームにて

私自身、いつも何かに追われるように暮らしていて、ゆっくりと本に向き合う時間を他のことに売り渡してしまっているようなやましさに襲われます。しかし、和輝くんの「ぼくはまどみちおが好きだ」というような断言に出会うと、私もこんなふうな言葉をもっていたいと思わされます。

　以上7人の作文から見えてくるのは次のようなことだと思います。

　この子たちが、いわゆる平均的な小学生といえるかどうかはわかりません。けれども、この子たちのご家庭では親御さんが願いを込めて、小さな頃から本を手渡していること、勉強もうながしていること、そしてパウルームにも通わせてくださっていることがよくわかります。その中で子どもたちはお友だちや私との関係を楽しみながら「読むこと」の生活を送り、「書くこと」のむずかしさとおもしろさを見出そうとしています。

表2－3の、読書環境の四つの内実と照らし合わせると、1．この子たちのご家庭では幼少期から親御さんが本のある環境にお子さんを置き、2．親御さんが丁寧に道案内をし、3．小さな教室パウルームで毎週読書ノートを発表し合ったり、時にはアニマシオンを行なって仲間同士で同じ本を読む体験をすることで楽しみを共有し、4．こども自身が勉強時間との兼ね合いの中でどう自分の読書時間を確保するか試行錯誤している、そういう姿なのではないかと思います。ここに記したことは、自分の教室、しかも本当に少数の子どもたちとのやりとりです。ここから小学生全般の姿を導き出せるとは思いませんが、現代の子どもたちの読書環境のありのままの姿の一端であることは確かだと思います。

〈謝辞〉アンケートに答えてくださった多くの方々、アンケートの集計をしてくださった木田川直子さん（幼児サークル佐倉市「ジャングルジム」）、図表を作成してくださった片野章代さん（千葉大学附属小学校ＰＴＡ読書クラブ）、また、お子様の作文掲載を快く承諾してくださったパウルームのお母様方に厚く御礼申し上げます。

2 わが子との読書生活

山本綾子（山口県防府市）

私には高校二年、中学一年、小学五年の3人の子どもがあります。子どもが読んでみたいと思う本は可能な限り与えてきましたが、本を十分与えたから子どもがそれだけ本を読むかというと、そう簡単にはいかないことを身をもって体験してきました。本が好き、そして読みたい本を自分で選ぶことができるようになるための第一段階は、他者の存在に気づき始めた幼児期の頃に、家庭での読書環境が整っていたかどうかという点ではないかと考えていますが、それから先の過程では何が必要なのか、まずは、私自身の幼児期の体験を通して考えてみたいと思います。

1．私自身の本との出会い

70歳近い私の母は、若い頃体が弱くたびたび入院をしていました。幼い頃私は、幼稚園の帰りに母の病院へ立ち寄り、そこでベッドに一緒に横になり、いつも母に本を読んでもらいました。『赤い靴』『みにくいアヒルの子』『白雪姫』『小人と靴屋』『三年寝太郎』『アラビアンナイト』…。

一緒に遊園地へ行ったり、エプロンをつけた母にお迎えをしてもらった記憶はありませんが、「ああ、そのお話知っている！」と誰もが相槌を打つこれらの本と出会ったのは、この頃のことです。母親になった今だからこそよく理解できるのですが、母も子どもを両親に預け、母親として何もしてやれない不甲斐なさを強く感じていたことでしょう。そのぶん、娘である私との読書の時間を大切にしていたのだと思います。病院からの帰り道、私の頭の中は物語の続きでいっぱいでした。

青鬼の優しさに気づいた赤鬼は、涙をこらえて青鬼を訪ねる旅に出ました。

「青鬼さん、青鬼さん、僕のところへ早く帰ってきておくれ！」

登場人物になりきってせりふを言いながら歩くものですから、すれ違った人は変わった子どもだなと思ったことでしょう。「この場面は秋の夕暮れ。たくさんの村人に囲まれていても、青鬼を失った赤鬼の心は晴れることがありませんでした」と目の前には物語の舞台が広がり、ＢＧＭまで聞こえてきます。想像する世界はどんどん広がり、その中に浸ってまったく退屈しない子どもでした。思うに本を読む楽しさは、文章を通してあらゆる世界を広げていけるということ、物語の中に自分の身を置き、生き生きと生活させることができるということです。幼い頃私は『小公子』の物語の中で、主人公セドリックの友だちになり、一緒にお屋敷で暮らしました。心を閉ざしたままのおじいさんに戸惑いながら、本物のセドリックが見つかったと聞いた時は、友であるセドリックとともに心底傷つきました。真実がすべて解き明かされ、セドリックに幸せが訪れた時、私は「やったー!!」と喜び、彼が発した、「今日は僕の生涯の中で一番すばらしい日です。だからみんなにとってもすばらしい日であるといいと思います」という言葉は、今も私の胸から離れず、何かうれしい出来事があると必ず、「今日は私にとって最良の一日です。私が幸せなようにみんなも幸せであったらいいいな」とつぶやくようになっています。

2. 幼児期の子どもとの読書生活

私が子どもたちとどのように本を読んでいるかをお話するとすれば、このように自分に与えられてきた読書体験を、そのまま譲り渡しているというだけのように思います。

私自身は3人の子どもたちを保育園に預け、ずっと仕事をしてきましたので、ふだんは就寝前の時間だけが子どもとのふれあいのひとときでした。「読み聞かせ」はもちろんのこと、幼い子どもたちと川の字になって眠る時、『三びきのやぎのがらがらどん』(北欧民話／マーシャ・ブラウン絵／せたていじ訳、福音館書店)を三きょうだい一人ひとりを主役にして読んでみたりしました。すっかり自分がトロルと戦う気分になってしまった子どもたちは興奮し、眠りに到着するまでに時間がかかったものです。

自分を表現するのがへたで、口数も少ない長女が年長組の時のことです。担任の先生から呼び止められ、「恒例のおゆうぎ会では、女の子は全員可愛らしい衣装をつけて踊ることになっていました。しかし、娘さんは一人で別の役がやりたいと言っているが、どうだろう」と相談されたことがあります。あの無口な娘が自己主張するのだから、どうぞ思うようにやらせてやって下さいと返答したところ、本番では舞台の隅に立っているだけの「やしの木」の役という結末でした（図2－4）。みんなが明るい笑顔で飛び跳ねる中、茶色の地味な衣装に身を包み両手に緑色の葉っぱを持ちゆらゆら揺れているだけの長女を見た時、私はすっかり落ち込んでしまいました。

数日後私が夕食を作っていると、隣の部屋から娘の歌声が聞こえてきました。

「さやさや揺れるやさしいやしの木。南の島のやさしいやしの木…」

つられて私も歌い始めると、私の横に来てじっと私の口元を見つめています。そして、「おかあさん、やしの木はやさしいんよ。やさしい、やしの木なんよ」とゆっくり、そして力強く言いました。

私ははっと息を呑みました。母親である私は娘の行動を理解できず、どこかで情けなく思ってい

図2-4　おゆうぎ会でやしの木を演じる

たのですが、当の本人は「優しい」という言葉にとても魅かれ、その役を演じてみたいと思ったようです。

似たようなことが長男にもありました。やはり年少組の時のこと、『おおきなかぶ』で主役をするというので、はりきってビデオカメラ片手に出かけていきました。ところがステージにはおじいさんやおばあさん、孫たち、犬、ねこ…がどんどんステージに登場してくるのに、いつまでたっても息子の姿はありません。みんなに引っぱられたかぶの顔が真っ赤になっていくのを見て、ようやく息子がかぶに変身していることに気づきました。あとで尋ねてみると、以前私が『おおきなかぶ』（A・トルストイ再話／内田莉莎子訳／佐藤忠良絵、福音館書店）を読んでやったことを覚えていて、その時から、強くて大きくてみんなが食べたいおいしいかぶってどんなかぶだろう、とずっと興味があったそうです。読み聞かせた本や、会話の中で耳にした言葉が子どもたちの心のどこかに残り、それをふり返って再度その本を手にするようになってきたのは、それぞれの子どもたちがちょうどこの保育園の頃だったと記憶しています。

3. 学童期の子どもとの読書生活

子どもにはきれいな色使いの楽しく明るい本を与え、夢や希望を育ててやるべきとも思いますが、同時に、たとえ子どもであっても「生きてゆくということはきれいなこと、楽しいことばかりじゃない、辛いこと、悲しいこと、苦しいこと、いろいろあるんだよ。絶望する時もあるけれど、それでも乗り越えて生きてゆくことがすばらしいんだよ」と、少しずつ伝えていくことが子どもたちの人生に必要なのではないか、と考えるようになりました。

そこで、子どもたちが漢字も読めるようになり、自分の周囲の世界に関心をもち始めた頃、読み聞かせる本の内容を少しずつ変えていきました。読むと決まって涙ぐむくせに、『かわいそうなぞう』（つちやゆきお作／たけべもといちろう絵、金の星社）はリクエストが多く、桜が咲く頃の上野動物園へ行ってみたいと子どもから提案され、上京したこともあります。少し海外のことにも興味をも

かわいそうなぞう

せかいいちうつくしいぼくの村

わたしのいもうと

ち始めた中学年の時期には『せかいいちうつくしいぼくの村』（小林豊作・絵，ポプラ社）を読み，「いじめられているお友だちがクラスにいるよ」という話題が夕食時に出たときは，『わたしのいもうと』（松谷みよ子作／味戸ケイコ絵，偕成社）を読んでみたりしました。私自身が子どもたちの父親と離婚したということについても，なるべく感情を交えず，可能な限り語り聞かせてきました。

子どもたちと車で出かける時は，大好きな『ふたりはともだち』（アーノルド・ロベール作／三木卓訳，文化出版局）を私がそらんじてみたり，リレー形式でお話を作り，子どもたちがセリフをつなげて劇にして披露してくれたこともあります。『指輪物語』（J・R・R・トールキン，評論社）が映画化された時には原作を読み終え興奮気味だった中学生の長男と一緒に，原作と比べてみようと映画館に足を運び，見終わって感想を話しながらご飯を食べて帰ったことも，とても楽しいひとときとして思い出に残っています。顧みますと，私自身，立ち止まればどこででも眠ってしまえそうなほど忙しかったこの頃が，子どもたちとふれあいながらたっぷり本の世界に浸ることのできた，充実した時期だったように思います。

4．子どもの成長とともに生じた問題とその解決

子どもたちが成長し，川の字で眠ることも一緒に出かけることも少なくなった今，子どもたちの関心が本から遠ざかり，別の世界へ広がっていることが目下の私の悩みです。子どもたちが魅かれ

ているものの一つに、テレビゲームがあります。私自身が買い与えたことはないのですが、誕生日などに祖父母におねだりして手に入れたゲームの魅力は、現実とは違う自分以外の人間になれ、自分で進む道を選ぶことができ、失敗したらまたやり直すことができる、という点にあるようです。さらに、ゲームをすることで気持ちが落ち着くともいいます。

想像力を活用すれば、活字だけのシンプルな本の世界でこそ、私たちは姿を変え人生を変えることが最もできると信じる私は、ゲームとはずいぶん戦ってはいるのですが、心の中はすっきりしない状態が続いています。子育てには一番手をかけたと思う長男も、小学校の高学年から中学校にかけてはゲームとバスケットボールに夢中で、私はやきもきしてきました。長期の休みに入れば少しは本を読む気にもなるだろうかと、遠藤周作の『沈黙』（新潮社）などをわざと食卓に置いて、当人の視界に入るや否や「その本、結構おもしろいから読んでみなさいよ」とさりげなく声をかけるのですが、開かれた形跡もなく、夏休みが何度も過ぎていってしまいました。

ところが高校生になると、どういう風の吹き回しか図書委員に立候補し話題の書物を山ほど借りて帰ってくるようになりました。聞くと、高校の図書館はまるでちょっとした町の本屋のように、興味をひかれる本が集まっているのだそうです。本好きな高校生があまりいないことが功を奏して（？）、リクエストすればことのほか早く学校の予算で購入してもらえるようで、「読みたい本を一番先に読めるんだよ。最高だろう」と大はしゃぎです。最近では自分が中心になって新しい形の読書会を開く企画を立て、参加した友人たちにも好評だったようです。

このような活動の中で出会った友人や、指導してくださる先生方を通して新しい本と出会い、読書の世界を広げていく体験は、子どもの成長に大きな影響を与えているようです。

さて、長男と同じように下の娘たちもうまくいくかどうかはわかりませんが、子どもが本に目覚めるのにはそれぞれに「時」があるのだということ、また成長とともに読書の面でも親から離れ、新しい出会いからその世界を広げていくのだということを知らされたように思いました。

5. なんのために本を読むのか

なぜ、子どもたちと本を読むことを大切にしたいと思っているのか、再度自問してみますと、読んでほしい「物」としての本を与えるのではなく、本を通して親としての「思い」を子どもたちに与えたいからだといえると思います。幼い頃から家族が一緒に本を読んで楽しむという行為は、家族の思い出として、またその本の思い出として一生心に残るでしょう。その思い出をもっている子どもは、たとえ一時的に本から遠ざかる時があったとしても、人生の局面で必ずや本に立ち戻る時がやってくると思うのです。その時こそ、自分が求めている本を探し出し、そこから生きるエネルギーを生み出していけるのではないか、と考えます。

私が中学生の時、教科書に載っていた井上靖の「幼き日のこと」の一節「小学校へ通うようになってからのことであるが、私は小学校の校庭とか、田圃とか、そうした広い場所で遊んでいる時、夕方になったことに気付くと、いつも刻一刻濃くなろうとしている薄暮に淋しさを感じた。さして怖さは感じなかった。そうした時、土蔵へ向けてひたむきに駈けて行く気持は、いま思うと、淋しさの海をクロールで泳ぎ渡って行くようなものである」に魅かれ、家にあった単行本を宝物のように持ち歩いていたことがあります。学校の帰り道、仲のよかった友人が私の隣でふと「私ね、教科書のあの文章を読んだ時、なんでかわからんけど、涙が出たんよね」とつぶやきました。それ以上何も言葉を交わしませんでしたが、ああ、この人が友だちでよかったな、と胸が熱くなりました。小学校へ入学して以来の幼なじみでしたが、この瞬間私は一冊の本を媒介として、この友だちとより深く出会えたように思います。最近、何十年かぶりにまたこの小説を読み返してみましたが、長い年月を経てもこの一節は私にたとえようもない切なさを与えます。

読書という行為は、私たち人間がふと立ち止まり、もう一度足を踏み出すための術を示唆してくれているように思います。本を好きになり、読みたい本を自分で選ぶことができるようになるためには、このような出会いが必要なのではないかと考えます。

一冊の本を愛おしみ、その本を愛する今の自分をあたたかく受け入れる。そしてその本を通して出会った相手の背景・人生をも受け入れていく、わが家の子どもたちにもやがてそのような瞬間が訪れるのかもしれません。

3 わが家にとっての公共図書館

上田　岳（千葉県千葉市）

「パパ、この本おもしろかった。図書館で、また別のおもしろいやつ、借りてきて！」と、わが家の小学三年生の次女はせがみます。絵本好きだった次女がだんだんと文字の多い児童書を読み始めるようになり、わが家と図書館とのつきあいも徐々に深まっていきました。

1．わが家から徒歩5分の美浜図書館

わが家は、私と妻、現在中学一年の長女と小学三年の次女の4人家族です。今住んでいる千葉県千葉市には、現在7つの図書館があり、その中のひとつ、美浜図書館がわが家から徒歩5分ほどのところにあります。私自身が子どもの頃は、東京都足立区に住んでいましたが、公共図書館に行くにはバスと電車を乗り継いで30分ほどかかったため、ほとんど利用した記憶はありません。それに比べて、徒歩5分のところに図書館があるというのはとても恵まれた環境だと感じます。それにもかかわらず、長女が小学校に入学する頃まであまり図書館を利用しなかったのは、今思えば少しもったいないことをしたと思います。

長女が1、2歳の頃は、「シンデレラ」や「白雪姫」などのビデオが好きだったり、公園に遊びに

出ることも多かったため、絵本とのふれあいは就寝時の読み聞かせ程度でした。幼稚園時代も、月に2冊ずつ定期購入した絵本と、週に1冊幼稚園から借りてくる絵本で間に合ってしまい、さらに図書館から絵本を借りてくることはほとんどありませんでした。一方、長女向けに定期購入した絵本が自宅にあった影響か、次女は1、2歳頃から絵本を見たり、読んでもらうことが大好きでした。ビデオを見てもすぐ飽きてしまうのに、絵本は一人でくり返し見て楽しんでおり、特に大好きな『ゆかいなかえる』（ジュリエット・キープス作・絵／いしいももこ訳、福音館書店）という約30ページの絵本は、何度か読んでもらって内容を覚え、完璧に暗唱できるようになって周囲を驚かせました。幼稚園時代には、月2冊の定期購入と週1冊の幼稚園からの貸し出しでは足りず、美浜図書館から絵本を借りてくるようになりました。

2．図書館は児童書シリーズの宝庫

美浜図書館には、一般閲覧室とは別に幼児から児童向けの本を集めた「こどもしつ」があります。絵本、紙芝居、日本および海外の作家の児童書、児童向け学習書が、絵本は絵を描いた人の名前順、児童書は作家名順、学習書は分野別にそれぞれ開架に収蔵されています。次女が3、4歳の頃、絵本を借りる時には、絵を眺めて気に入ったものを借りてきたので、図書整理法はあまり意識していませんでした。4歳くらいになって、絵本から児童書にも興味を示すようになった頃は、次女のレベルに合うものを探すのに、この整理法はかえって煩わしいと感じました。ところが、次女がたくさんの本を借りるようになった5歳頃からは、逆にこの整理法を利用して本を選ぶようになりました。

絵本を借りるために図書館に頻繁に通うようになり、あらためて本がたくさんあることに気づい

図2-5　こどもしつ入り口（千葉市立美浜図書館）

図2-6　こどもしつの内部（千葉市立美浜図書館）

た次女は、絵本からだんだん文字の多い児童書にも興味を示すようになります。ところが、絵本とは違って見ただけでは雰囲気もわからず、表紙や挿絵を見ておもしろそうに感じても、漢字にふり仮名がなければ読めません。次女はだんだん自分で本を選ぶことが億劫になってしまいました。そこで、「せっかく本好きになってきたのに…」と思った私と妻が、次女に薦める本を選ぶようになりました。講談社の「どうわがいっぱい」シリーズは、ふり仮名があり、お話の長さも適度で、内容も次女の嗜好に合うものが多かったようです。ただ、このシリーズはいろいろな作家の作品で構成されているため、図書館では別々の棚に置かれているので、探すのが結構面倒ではありました。私と妻は、背表紙のうさぎマークを手がかりに、見つけては借りることをくり返しました。

このシリーズのおかげで、次女は絵の少ない本にも抵抗がなくなると同時に読む量も多くなり、ますます図書館を利用する機会が増えました。1回に10冊まで借りられるのですが、10冊借りても数日で読み終わってしまい、前にどの本を借りたか私には覚えていられないほどです。同じ本を二度借りてしまい、「これ、前に読んだ」と不満を漏らされることが何度もありました。

そこで私と妻は、図書館の本棚の整理法を利用し、同じ作家の作品、それもできるだけシリーズで攻めることにしました。シリーズの第1巻を次女が気に入れば、しばらくの間は本選びの悩みから解放されます。同じシリーズの本を番号順に借りてくれば、まちがいありません。次女は、寺村輝夫の「ぼくは王さま」シリーズ（理論社）、後藤竜二の「1ねん1くみ」シリーズ（ポプラ社）などたくさんのシリーズものを気に入ってくれました。ただ、番号順の次の巻が貸し出し中でしばらく待たないと借りられない場合もあり、そんな時は「早く次が読みたい！」と次女から文句を言われることもありましたが。

その後、次女がプロイスラーの『大どろぼうホッツェンプロッツ』（偕成社）を読んで非常におもしろがったことをきっかけに、海外の作家にも挑むことにしました。クリアリーの「ヘンリー」や、「ラモーナ」（学習研究社）、リンドグレーンの「ピッピ」や「カッレくん」（岩波書店）などのキャラクターは、次女のお気に入りとなりました。図書館には各国の作家の作品が揃っていますが、あまり海外の作家を知らない私と妻は、今度はどの作家の作品を読ませるかに悩むことになります。そんな時、本書の編者であるアニマシオンの黒木秀子さんとご縁があったのは幸せでした。キング＝ス

ぼくは王さま

1ねん1くみ1ばんワル

大どろぼうホッツェンプロッツ

ミスの『おふろのなかからモンスター』（講談社）やスタルクの『おじいちゃんの口笛』（ほるぷ出版）をはじめ、次女のレベルや好みに合う作家や作品をいくつも紹介していただきました。たくさんのおもしろい本に出会い、ますます本のとりこになった次女は、「私、大きくなったら本を書く人になる」と言い出し、自分で絵本を創作したりもしていました。親馬鹿な私と妻は、自分たちでほめるだけではなく、知人にも見せて次女のことをほめてもらったりしたものです。

3．図書館には、ちょっと昔の本もある

個人ではなかなか購入できない本、購入しようにも書店にほとんど置かれていないような本が借りられるのも、図書館の魅力のひとつであり、価値ともいえるでしょう。

外遊びも好きな次女とは、休日に近くの公園まで散歩に行くことがあります。一年生の頃、次女は道端の草花に興味を示し、「この花はなんの花？　この実はなんの実？」と聞いてきたことがありました。が、植物に疎い私には答えられません。家に帰ってきて植物図鑑を調べましたが、残念ながら載っていません。書店に行き、図鑑を探してみましたが、世界中の草花がカラフルな写真で見られるものの、やはり雑草は見つかりません。そんな時、美浜図書館の児童向け学習書の棚で『道ばたの植物』（赤木聡子、保育社）という一冊の図鑑を見つけました。１９８１年発行のこの図鑑には、都会でもよく見られる雑草について、その分類から観察のしかたなどが色あせた写真ととも

に載っていました。さっそく借りて、次女との散歩に持って出て、道端の雑草をこの図鑑の中に見つけた時は、次女とともに私もちょっとした喜びを感じました。わが家は東京湾の海岸が近いこともあり、近所で海鳥の姿を見ることができます。今度は、「東京湾岸の海鳥図鑑」のようなものがあるか、図書館で探してみようと思っています。

4．どんな本を読もうかな？――読みたい本は図書館にリクエスト――

目的の書籍が明確になっている場合は、千葉市図書館で実施されているリクエスト制はとても有用です。長女は、小学校時代は図書室の司書の先生から薦められた本を、中学生になってからは、学校からの「読書のすすめ」という先生や先輩のお薦めの本を紹介した小冊子を参考に、本を読むこともあったようですが、本選びはもっぱら学校の友だちとの会話がきっかけになっています。長女の場合、小学校の図書室を利用することが多く、たとえばあさのあつこの『バッテリー』（教育画劇）やダレン・シャンの「ダレン・シャン」シリーズ（小学館）など、学校の図書室には置いていなかったり、あるいは置いてあっても友だちが返すタイミングで借りに行かないと別の人に借りられてしまうような人気のある本は、美浜図書館にリクエストしました。多少待ち行列があっても、そのほうが確実に借りられますし、市内の別の図書館からも取り寄せてもらえるので、うまくすれば待たずに読むことができました。

ただ、小学校高学年になって以降、長女はおもしろそうな本をどうやって見つけるかで困っているようです。テレビ番組やファッション、あるいは、日々身の回りで起こることが友だちとの話題の中心となり、本に関して話したり聞いたりする機会が減ってしまったからでしょうか。最近は、人気のアイドルが主演したテレビドラマの原作本、『野ブタ。をプロデュース』（白岩玄、河出書房新社）を借りてきました。ドラマの放送より前に話の行く末を知りたかったようですが、原作とドラマでは登場人物の構成からして異なり、その目的はかなえられなかったようです。どんな動機で、どんな本を読んでも、それを通して自分なりに物語の世界を想像したり、登場人物の気持ちになって考えたりすることは、今後さまざまな場面で役に立つだろうと思います。ただ、やはり長女の年代に、できるだけ良書といわれる本を読んでおいてもらいたいと思うのが親心です。

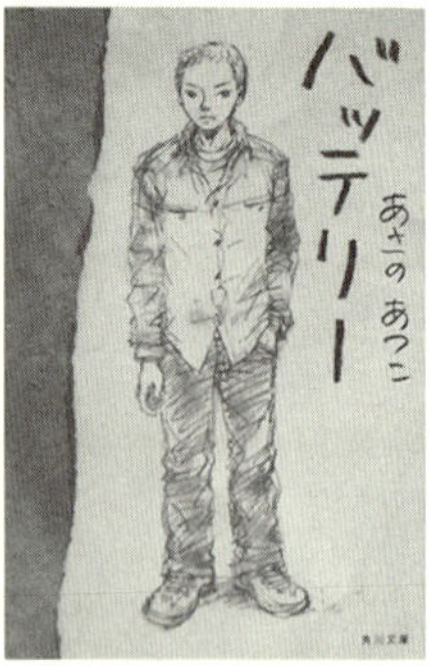

バッテリー

ダレン・シャン

野ブタ。をプロデュース

美浜図書館には幼児用、小学校低・中・高学年用、中学生用にそれぞれ10冊程度の推薦図書を紹介するパンフレットが置かれています。わが家でも本選びの際にこれを参考にしているのですが、更新・増補されていないのは残念です。本をほとんど読んでいない子どもたちに興味をもたせることがこのパンフレットの目的なのかとは思いますが、興味をもち始めた子どもたちにさらに本のおもしろさを実感させるために、よい本を紹介することも重要だと思います。また、千葉市中央図書館には、中高生向けに「ヤングアダルトコーナー」と称して、物語や小説などの文学作品だけでなく、自然現象や科学技術への興味をかきたてたり、あるいは、歴史や産業・経済、国際関係といった世の中の仕組みを学ぶきっかけを与えられたりするような書籍を集めたコーナーが設けられているそうです。公共図書館は、本離れしてしまうことの多い小学校高学年から中学生の子どもたちを対象に、日本および海外の文学作品や、自然科学、社会学関連の書籍を手に取るきっかけを作る役割を果たせるはずです。今後のこれらの取り組みの継続、拡大に期待したいと思います。

5．図書館をみんなのものに

すっかり読書から遠ざかっていた私たち夫婦二人も、図書館で次女の本を借りたついでに自分自身で読む本を借りたり、新聞の書評欄でおもしろそうな書籍を見つけたらリクエストをしたりするようになりました。私の場合は、現実から少し離れてリフレッシュしようと、学生時代に読んだ村上春樹の世界を懐かしみ『ねじまき鳥クロニクル』（新潮社）や『海辺のカフカ』（新潮社）を読んでみたり、重松清の『きみの友だち』（新潮社）を読んで子どもたちのこれからの友だち関係を心配したりしています。こうした時間をもてるようになったのは、わが家の近くに美浜図書館があったからでしょう。

一方で、千葉市でも移動図書館サービスが行なわれていることなどから想像すると、公共図書館を利用しづらい環境にいる方も多いと思われます。図書館や公民館の新設はむずかしいとしても、公共図書館が学校の図書室や市民ボランティアなどと連携し、サービスをより多くの方々に、できるだけ公平に提供していくことが、これからのこの国の生活をよりこころ豊かなものにするために必要なことのひとつなのではないかと思います。

4　地域での家庭文庫の活動の中で

岸　洋子（東京都杉並区文庫・サークル連絡会代表）

1. はじめに

文庫の始まりは、その地域に突然降ってわいてできるものではなく、親として、「わが子にどんな本を読ませたらよいか」「わが子と一緒に本を読んで楽しみたい」といったごく自然な思いが、思いを同じくする人たちとの連鎖となって始まるものです。そのような思いがやがて、子どもたちを取り巻く読書環境をよりよくしたいという奔流を作り出し、自宅を開放した「文庫」になったり、文庫や地域での、「親子読書会」という具体的な形に発展したりします。

2. 報告書にみる文庫活動の変遷

子どもの文庫を調査した資料としては、古くは『年鑑こどもの図書館1958年版』(児童図書館研究会、1958) の調査があります。そこからわかることは、当時全国で46の子ども文庫があり、その後、『年報こどもの図書館1969年版』(児童図書館研究会、1969) においては、160の子ども文庫がリスト化されています。

1970年代に入り、日本図書館協会 (1972) の報告では、265文庫、児童図書館研究会 (1975) の報告では文庫数は急増しており、2064もの子ども文庫が活動していたことがわかります。また、児童図書館研究会 (1981) の報告では4406文庫がリスト化され、今までの調査で最も多くの子ども文庫を把握できたとされています。70年代から80年代にかて文庫の数は倍増したことになります。

ささやかな地域の活動が、行政への働きかけによって地域図書館の協力も得て、文庫の育成も充実し始めました。要望してきた図書館建設も各地域で進み、子どもたちが本と出会える環境は、確実に広がり、着々と実を結び始めてきました。しかし、80年代後半から、文庫主宰者の高齢化、後継者不足、家の事情などにより文庫数は減少し始めます。全国子ども文庫調査実行委員会（1995）の報告では、1993年の調査において全国の文庫数は、3872と以前より減ってしまいます。私の住む杉並区でも、1984年に区内に18か所あった文庫が、1994年には10か所となりました。しかし、少子化の影響で、初めの頃の活況は多少失せはしたものの、この頃に地域の成熟という点で、やっと文庫が人々や地域に根づいた活動として浸透してきたといえます。地域に文化的な香りが高まり、1994年には図書館などでの「子どもの本の講座」が10年目を迎え、毎回約100名近くの母親や教師、その他子どもを取り巻く人々が集まって、勉強し合い、ともに互いを高め合うようになりました。その後、行政側の財政難を理由に次つぎと育成費は削られ、講座も2000年以降開催が不可能となってしまいました。私たち文庫仲間は、80年代から徐々に築き上げてきた「子どもたちにとって身近に本と出会える環境」が、社会の大きな流れの中で、むしろ減少してしまうという危惧とあせりを感じながら、文庫で出会う人々との心の交流を大切に、地道に活動を続けることこそ、環境を作ることにつながるのではないかという思いをいだきながら現代の子どもたちと向き合って今現在も活動を続けています。

3．人が共感し合ってこそ、読書環境が生まれる

全国に文庫が広がり、その地域に浸透していった「本を通じての心の交流、共感」は、決してなくなることなく、今日までずっと続いてきています。2001年に公布された「子ども読書の推進に関する法律」は、読書環境整備の点で学校や地域での活動の充実に向け、いろいろな対策が施されました。未来ある子どもたちのために、行政は財政難の中、少しは動いてくれたということは評価できます。この機をとらえ、より大勢の人たちを巻き込んで読書推進ができたらという思いも膨らみます。文庫活動を広く知ってもらうためにも、2005年3月に杉並文庫・サークル連絡会では、『「すぎなみ文庫のあゆみ1993～2004」―杉並子ども読書推進計画によせて』を発行しました。前回発行の『すぎなみ文庫の十五年』（1993）に続く、永年の文庫活動をまとめたものです。その冊子には各文庫によるそれぞれの工夫や独創性を発揮したすばらしい活動の記録が綴られています。

4．文庫活動の紹介――『すぎなみ文庫のあゆみ』より――

杉並には、家庭を開放して子どもたちに本の提供をしている文庫が、8か所あります。中には、30年以上続いている文庫、まだ誕生してまもない文庫、その歴史はさまざまです。

ここでは、『すぎなみ文庫のあゆみ』から、いくつかの文庫について活動を紹介します。

【ジルベルト文庫】　どんな時も気の合うスタッフがいて、そのスタッフはそれぞれ才能を発揮して、文庫に来る子どもたちを迎え入れているジルベルト文庫は、「ジルベルトの会」とも連動し、幅広い活動を続けています。児童文学に詳しい人あり、人形劇を演じる人ありで、多才な人たちの集まった文庫は、すばらしい本との出会いや楽しいことにめぐり合える場として、ワクワクしながら通ってくる子どもたちを迎えています。

【ちいさいおうち文庫】　２００2年開設の「ちいさいおうち文庫」は、児童文学作家の石井桃子さんの「幸福な子ども時代が大人になったあなたを支えてくれる」という言葉に出合ったことにより、その言葉を大切にしながら、丁寧に子どもたちに本の読み聞かせをしています。文庫に通う子どもたちの数は順調に伸び、部屋へ入りきれないという悲鳴さえあがるほどの大入り満員が続いています。

【バンビ文庫】　開設からもうじき30年になろうとしている歴史ある文庫です。主宰者の息子さんが子どもだった頃から続いていて、今や親世代となり、子どもを連れて文庫を訪れている状況は、世代をつなぎ確実に何か大切なものを手渡しているといえます。伝統的な季節行事やお料理、かるたなどを取り入れたイベントは好評ですし、最近はホームページも開設し、新たな取り組みも始まりました。

【文庫ピッピ】　90年代に入ってからの開設で、「『読んで！』と持ってきた本は、必ず読んであげるのが、ピッピのモットー」とあるように、子どもたちの要求には丁寧に応じているところは、文庫仲間からみてもお手本のような姿勢といえます。代表は学校などにも読み聞かせやお話に出向いていて、「お話の世界」の楽しさを地域の子どもたちに伝え続けています。

【ポケット文庫】　開設から20年以上子どもたちを見守っていて、「…社会の変化は激しく、大人には子どもが変わったと思われがちですが、今でも子どもは本を読んでもらうこと、お話を聞くことが好きです。…子どもが『好きだ』と選ぶ本は、この20年ほとんど変わりません」と述べていて、永年読み継がれている本がどんな本であるかなどをよく知った大人が、子どもたちに本を手渡していく大切な役割を担っています。

【ポプラ文庫】　２００４年の十一月に三十周年の一大記念パーティを終えた「ポプラ文庫」も初代から現在の6代目代表まで、文庫の所在を変えつつも、大勢の関係者をつなぎとめ多才な活動を営んでいます。ポプラの幹から出た枝は海外にも広がり、多くの子どもたちに絵本や物語の世界を手渡しています。

【このあの文庫】　２００５年に産声をあげ、児童書の編集者でもある30歳のご主人、25歳の奥様が二人で始められた文庫です。熊本の実家は児童文庫であったという経緯もあり、いわば文庫二世が文庫を新たに始めたことになります。

5.【のびのび文庫】の活動内容から

これまでは、文庫について外側から述べてきましたが、ここでは実際に私の自宅で開いている文庫がどのように子どもたちとかかわっているかなどの活動を紹介します。

のびのび文庫は毎週火曜日午後2時からの開館です。以前は開館前に来る子どももいましたが、最近は小学生の帰り時間も遅くなり、3時頃「こんにちは！」と元気な声がして、次つぎに子どもたちが集まり始めます。小さなお子さんを連れたお母さんたちも、赤ちゃんのお昼寝が覚めるのを待って訪れます。3時半から5時半頃まで、赤ちゃん、幼児、小学生、時には中学生、大人たちが、狭い6畳ほどの文庫に集い、床が抜けるのではと心配するほどの大にぎわいになります。そこでリビングルームも開放し、4時頃には、「本との出会い」「人との出会い」は活況を呈して、今返却された本を「ああ、これ読みたかったんだ」という具合に、人も本も激しく行き交います。来庫者の数は、お天気や学校行事によって変わります。大勢来てくれるのはそれなりに結構なのですが、やはり一人ひとりと話をしたり、本を読んで楽しむには、人数が少ない雨の日のほうがじっくりと向き合えて落ち着いた時間を過ごせます。

文庫に来る小学生は、三年生を中心に、入学したての一年生から五年生ぐらいまでが友だちを誘って訪れます。「ここ、おもしろいところだってきいたので、きました」なんて、前置きして入ってくる子どももいます。「ぼくは、本はいやや」と言って、恐竜のおもちゃで遊んでいた子も、帰る頃には、本棚の隅のほうでこちらが声をかけるのも遠慮するくらい、どっぷりと本の世界に浸っていきます。食べ物があるから食べられるように、本が手元にあるから読めるのだなあと実感します。

子どもたちは、どんな時でも好奇心旺盛です。下校途中で拾ったアジサイの花びらを文庫に持ってきて、「おばちゃん、どうぞ」と言って私にくれたりします。せっかくなので、ガラスのお皿に水を張り花びらを浮かべます。薄紫色のアジサイは、きらきらと輝き、しばらくその美しさにうっとりとしながら眺めているうちに、「折り紙でアジサイの花を折ってみよう」と言い出し、アジサイを折り始めます。折り紙の本も引っ張り出して、小さな手は、次つぎといろいろな形を折り、「できたー」と歓声をあげていました。子どもにとって、「あそび」はものごとの始まりであって、そこから得た対象への興味は広くかつ深く拡がっていくようです。いつも子どもたちと接していて大切にしている事は、このような無垢で純粋な感性を大事に見守っていきたいということです。ストレートに「楽しい」「知りたい」と発してくれるので、こちらとしても、「では、ちょっと手助け」ぐらいの距離感で接しています。

文庫にお母さんと来ているFちゃん（2歳半）は、はじめは本よりあそびに夢中でした。お母さんも「せっかくたくさん本があるのに…」と困った様子でした。そんな風に何度か文庫に通っているうちに、本があることに少しずつ関心が出てきました。そこで「Fちゃんは、どんな本が好きか

わたしのワンピース

なぁ」といつも遊んでいる様子から、『わたしのワンピース』（にしまきかやこ、こぐま社）を選んで、Fちゃんに読んでみると、とても気に入った様子で、その日はその本を借りて帰りました。次に来た時は、親子楽しそうな顔でページをめくりながら、「ミシンカタカタ、ミシンカタカタ」と弾む大きな声で、すっかり覚えたお話を私に聞かせてくれました。楽しそうな親子の様子を見て、「きっと、親子の間に、何かぴたっとくるものがあって、お互いの気持ちが寄り添ったのでしょう」とうれしい気持ちでいっぱいになりました。あせって子どもに親の思いを押しつけたりせずに、じっくり子どもにつきあい、いいタイミングで本に興味をつなげることで、親子が同じ楽しい世界を作り広げることができたことは、私にとってもこの上もない大きな喜びとなっています。

本を薦める時、主体はあくまでも子ども自身で、大人は、ちょっとしたサポート役で黒衣のような存在です。あまり出過ぎず、道筋を照らしてあげるくらいの加減がよいのではないかと感じています。

6. 文庫の存在とは

文庫の存在は子どもにとって、特別な時間と空間が広がっている場所であり、自由に好奇心の翼を広げて、本の世界へ入り込んでいける場所でもあります。

本があって、人がいて、さらには人との交流が生まれる。お互いが作用し合っている環境こそが、地域が望んできたコミュニティの形であるといえます。文庫が永い間ずっとその役割を担ってきたことは事実ですし、これからも本と子どもたちとをつなげ、本から得た多くの感動が子どもたちの心に深く届くことを願いながら、活動を続けていきたいと思っています。

2節　学校という読書環境

1　授業の中での本への関心の高まり

濱野高秋（東京都練馬区立大泉北小学校教諭）

1. 朝の読書に取り組む子どもたち

8時25分、朝の打ち合わせを終え担当の四年生の教室に向かいます。教室では、子どもたちが思い思いの本を夢中になって読んでいます。そっと教室に入ると、私のほうをちらっと見ますが、すぐにまた本を読み続けます。私も一緒に本を読みます。このような習慣をつけようと全校で取り組んで、やっとその成果が出てきています。しかし、子どもたちは最初から現在のように、自分で読みたい本を見つけて夢中になって読んでいたわけではありません。最初の頃は何を読んでよいかわからずぶらぶらしていたり、本を決めて座ったかと思うとパラパラとページをめくってはすぐに交換に行ったり、「なんで本を読まなくちゃいけないのかなぁ」という顔で、ぼーっとしている子どももたくさんいました。そういう子どもたちが変わっていくきっかけになったことの一つに、授業の中で、一つの作品を丁寧に読むということがありました。それぞれが思い描いたイメージをお互いに伝え合うことで、子どもたちの中に作品の豊かなイメージが広がり、子どもたちは、しだいに本を読んでいく楽しさを知っていったのです。

それに伴って子どもたちは、少しでも暇な時間があれば、教室に置いてある図書（公立図書館から学期ごとに数十冊ずつ借りている）を読むようになり、子ども同士の話題の中でも好んで読んでいる本のことが出てくるようになってきました。

2．授業の中で文学作品を読む

(1)　作品との出会い

子どもたちと作品との出会いは大切です。「本を読むから、このまわりに座って」と言うと、子どもたちはわくわくしながら集まってきて私のまわりに座ります。今回のお話は斎藤隆介さんの『八郎』（滝平二郎絵、福音館書店）です。ちょっと遠めで眺めている子どもも、本を出してゆっくりと読み始めると、少しずつ前に近寄ってきて話を聞き始めます。特に、斎藤隆介さんの作品は、滝平二郎さんの絵がとっても素敵なので、絵を眺めながら聴いている子どもたちの目はきらきらと輝き、ぐいぐいとお話に引き込まれていきます。集中して聴いていることが、読んでいる私にも伝わってきます。読み終わると、子どもたちは思わずふーっとため息をつき、余韻に浸っている様子が感じられます。しばらくすると、子どもたちからポツポツと言葉がこぼれてきました。

良太　すごいね、八郎って。
勇作　おもしろい言葉がいっぱいあるね。
綾子　斎藤隆介って、ほら、あの、モチモチの木のお話を書いた人でしょ。
京子　この絵もよく似てるね。
教師　このお話を、これからみんなでゆっくりと読んでいきます。
佳子　面白そう！
健一　いいね。

このような『八郎』との出会いがあって、学習が始まりました。
子どもたちはお話を読んでもらうのが大好きです。自分で読んだことのある作品でも、読んでもらうことで、別の世界を味わうことができます。子どもたちが作品の世界に浸れるように読んであげることで、子どもたちの想像力は豊かになっていきます。

(2) 情景を読む

『八郎』では、八郎が海に向かって走っていく場面で、一緒に飛んでいく小鳥たちについて、以下のやりとりがなされました。

雄太　鳩がたくさん飛んでいるのをみたことがあるんだけど、遠くを飛んでいる時は、とっても小さく見えるから、かたまりで飛んでいるのってきれいだよ。「かすみみてえ」ってそういうことじゃないのかな。
博也　見たことがある。
子どもたち　うんうん。

私は「こういう情景をゆっくりと見つめ、きれいだと思える感性を大事にしてほしい」と思いながら子どもたちの意見を聴いていました。

雄太はこのような情景を豊かに感じ、表現できる子どもです。『手ぶくろを買いに』の学習でも、「暗い暗い夜が風呂敷のような影をひろげて野原や森を包みにやって来ましたが、雪はあまり白いので、包んでも包んでも白く浮かびあがっていました」という場面で雄太は、「風呂敷のような影を広げて包みにくるんだから相当暗くなるはずなのに、雪がそれよりも白いってことだね。きっと、真っ暗な夜だから月は出てないんだろうけど、真っ白い雪で明るいのかもしれない」と、「白と黒」、「明るいと暗い」の対比的な情景を読み取っていました。

また、『ごんぎつね』(新美南吉)の「月のいい晩でした。ごんは、ぶらぶらあそびに出かけました。中山さまのお城の下を通ってすこしいくと、細い道の向こうから、だれか来るようです。話し声が聞こえます。チンチロリン、チンチロリンと松虫が鳴いています」という場面では、秋の月夜のきれいな情景を読みながら、ごんがそれに誘われてつい遊びに出かけた様子を読み取っていきました。

哲也　月がいいってどういうことだろう。
栄治　満月ってことだと思う。
達也　十五夜で月がきれいということ？
博也　月のいい晩だから、散歩にちょうどいい。
雄太　月も出ていて、松虫も鳴いていて、とてもきれいな様子の夜だから、ごんもつい散歩に出かけたくなったんじゃないの。

頭の中にその場面の景色やそこにある物、色、音などが豊かに思い浮かぶのでしょう。これは、登場人物の行動や心情を読むことと同じように大切なことだと思います。

(3) 話し出した文恵

さて、この物語の話し合いの中で大きく変わったのは文恵です。文恵は、初めて会った三年生の1学期から、自分の思いを言葉でほとんど表現せず、文章を書くこともあまりありませんでした。しかし1年半の沈黙を破り、ついにこの作品の話し合いの中で発言をし始めたのです。最初の発言は小さな疑問でした。文恵が言おうかどうしようか迷っていたのは表情からとてもよくわかったので、いつ言い出すかな、そろそろだろうと思って様子をうかがって待っていました。おずおずと手を挙げかけたので、「文恵さん、言ってごらん」とうながすと、小さな声で話し始めました。「おとこわらしこが泣いていて、村人が土手を築き、海が白い長い歯をむいて、えへえへと笑う」場面でのことです。

文恵　「白い長い歯をむいて」ってどういうこと?
香織　海に白い歯なんてあるの?
勇作　砂浜で波が白く見える時と同じで、それのとても大きい波。ほら、挿絵にあるじゃない。あれのことだよ。
美弥　波がくだけて、白くなるところがそう見える。
純一　じゃあ何で、えへえへ笑っているの?
真二　えへえへだから、おもしろがって笑っている。
雅夫　田んぼ飲んじゃうぞって笑っている。
麻耶　からかうようにわらっている。
綾子　それを見て、わらしこはわいわい泣いている。
教師　泣いてるねえ。
久美　海が田んぼのんで、米ができなくなっちゃうから、心配して泣いている。
達也　「おとう、おっかあのほう見てはわいわい」っていう、わいわいもあるよ。
美弥　こっちのわいわいは、おとうやおっかあを心配して泣いているんじゃないの?

このように一気に話がつながっていきました。この成り行きをじっと聞いていた文恵は、その日の授業の感想で、「私がみんなに聞いてみたら、香織さんも私と同じことで分からなかったし、みんながいろんなことを話してくれた。私の話を聴いていてくれたのが嬉しかった」と書いてきました。文恵のこの発言は、話し合いの前に行なっている、一人で読んで自分の読みのイメージを行間に書き込んでいくという作業の中で書かれた、唯一の文章をもとにしたものでした。この発言をクラスの子どもたちが聴き逃すことはありませんでした。発言をつなげ一緒に考え合えたのです。その日の授業の感想には、「文恵が発言した。びっくりした」と何人もの子どもが書いてきたのです。この日のことは、文恵の家庭にも知らせました。家庭では両親ともに文恵のことは入学当初から心配をしており、なかなか自分の考えを言えないわが子に腹を立てた父親がしかると、文恵は泣き出し、母親が仲介に入るということがよくあると聞いていました。その日の連絡文を見て、両親は大喜びをされ、うれしい返事もいただきました。

(4) 変わっていく文恵

それ以降『八郎』の授業では、文恵が授業に参加していることを強く感じるようになりました。なんとなく友だちの話を聞いていた状態から、友だちの話をじっと聴きながらいつ自分も発言しようかな、という態度で授業に参加するように変わってきました。

以下は、八郎が海に入っていく場面でのやりとりです。

弓子　「海はおす。八郎はまた押し返す。海はまたおす」は、けんかみたい。
栄治　それぐらい、海も八郎も必死なんじゃないの。
沙耶　「八郎はそこらじゅうがひっくらかえるような声で」だから、すごい大きい声で叫んだ。
雄太　すごい深いところまで行ってから言っているから、相当大きい声で叫んでいる。
教師　そんなに大きな声で叫んでいるんだ。
文恵　もしかしたら、もう死んじゃうから、最後に伝えておきたいから大きい声で叫んでる。

速いテンポで進む話し合いでも、友だちの話を聞きながら、自分の思いを話せるようになってきました。そしてその日の感想にも、「死んじゃうから、最後に伝えておきたい。って言ったらだめかなぁー。と思ったけど、みんなが分かってくれてよかったです」と書いてきました。やはり子どもたちの中には、自分の発言に自信があるわけではないし、「こんなことを言ってもいいのかなぁ」と思いながら、友だちの話をじっと聴いている子どもがいるのです。しかし、そんな子どももクラスの子どもたちが自分の発言を聴いてくれる、考えてくれると思えるようになると、自分の思いを話し出すのです。『八郎』の授業から1か月後の個人面談で、文恵の母親に『八郎』の学習で使った手作りのテキストを見せながらその時の様子を話すと、「父親に見せてあげたいので、この本を貸してください」とテキストを持ち帰り、家族で楽しい会話ができたようです。それからの文恵の変化は著しいものがありました。算数の問題でも、以前はできない時にはじっと黙って固まっていたのですが、わからない時には「わからない」とはっきり言うようになり、そこに周りの子どもたちが寄っていって教えてあげるという場面が生まれてきたのです。その他のさまざまな場面でも文恵は生き生きと活動するようになっていきました。そんな様子を見て、子どもたちも「文恵変わったよねえ」と私に話しにきたり、本人に直接話している様子が見られました。3学期の『ごんぎつね』の授業では、自分の思いを毎時間のように話すようになってきました。そんな文恵の様子に触発されて、一人また一人と自分の考えを話し出す女の子が出てきて、話し合いに新たな膨らみができてきたのです。

また文恵は朝の読書でも、低学年向けの本から、中高学年向けの女子が好みそうな小説を夢中になって読むようになり、友だちと読んだ本の話をするようになっていきました。

3．さまざまな作品を読むことで広がるイメージ

『八郎』の学習が終わってから、『三コ』（斎藤隆介作／滝平二郎絵、福音館書店）と『三コ』（同、岩崎書店）を読み聞かせしました。子どもたちはこんな感想を書いてくれました。

【三コ】
・三コを読んでもらって、八郎と似ている所がたくさんあった。その中でも一番似ているなあと思ったの

は、自分の命を投げ出して、守ろうという気持ちです。
・八郎も三コも涙を流した。だけども、もらい泣きじゃなかった。にこっと笑ったのも一緒で、似た者同士だと思った。三コもとっても勇気があってやさしいと思った。だって、火の中に入っていったから。

【花さき山】
・私は、あやはえらいなぁー。と思いました。あやは自分のべべはいらないから、妹のそよにべべ買ってあげて、と言っていたからです。私だったら、自分も欲しいから私も買ってと言うと思います。しかも、まだ十才なのに…。と思いました。はなさき山のストーリーは本当にあるようなないような話だったけど、やさしいことをするのは、すごくいいことだと分かったし、本当にあるのかなーと思えてよいお話だったです。

八郎

三コ

花さき山

こうした感想文からわかるように、一人の作家のいろいろな作品を読んでいくことで、子どもたちは底流に書かれている共通したことを読み取れるようになっていくのです。また、読み比べることで、一作だけでは見えない部分が照らし出されてくることもあります。一人の作家の作品を数多く読むことで、子どもたちの読みは立体的になっていくのです。何冊かまとめて読み聞かせたり、本の紹介をして読むことを薦めることは、本の世界・読みの世界・子どもたちの世界を広げる有効な手立てだと思っています。

4．本の世界を楽しむ子どもたち

子どもたちと給食を食べている時のことです。

幸一　今度、ナルニア国物語って映画でやるでしょ。あの話の本を読んだんだ。おもしろかったよ。
達也　あ、知ってる。その本、図書室にもあるんだよ。
綾子　本当？　読んでみたいなぁ。
幸一　あのお話のすじはねぇ。ライオンが…。
綾子　あっ、言わないで。私も読んでみたいから。

おもしろかった本の話題が、リラックスした時間の中で出てくるようになってきました。
また、こんな日記もありました。

ぼくはこの頃、けっこう長い話の本を読むようになりました。前は長い話の本は見ただけで、読もうとも思わなかったのですが、正志君に斎藤洋さんの『ドルオーテ』を薦められて読んでみました。読んでいくうちに、次々と想像できるようになって、読書ってこんなに面白いんだ！　と思うようになりました。この本を読んでいる時、この場面、正志君だったらどう思うかなって思うことがありました。今は、斎藤洋さんの本を夢中になって読んでいます。

授業で文学作品をみんなで楽しく読み味わった経験が、自分から本を読んでみようというきっかけにつながっています。自分で読んでいる時も授業の中で話し合ったことが思い出されたり、友だちがどう思うだろうかと考えたりしています。また、読む本の幅がどんどん広がっている子どもたちも増えてきています。

このように、文学作品を丁寧に読み味わう学習を行なっていくことで、子どもたちは本のもつおもしろさや奥深さに気づき、みずから本を手に取り、その魅力的な世界に入り込んでいくのではないでしょうか。

〈付記〉以上は、前任校東京都練馬区立豊玉小学校における実践である。

2

図書館部30年

飯嶋久美子（東京都町田市立鶴川第三小学校教諭）

1．子どもたちの体と心

子どもたちの体と心の危機が叫ばれて、もう久しくなります。

体の面でいえばぎこちない動きが多く、今までなら成長段階で自然に学んできたはずの「立つ、歩く」といったことですら意図的な教育を施さねばならない事態です。私は一年生の音楽リズムの時間に、はいはいや動物歩き、側転などを取り入れて、子どもたちが意識しにくい体幹部の操作に重点を置いた指導をしています。その土台作りがないとスポーツすら教えられないからです。

また、学級崩壊は今も日常的に起っています。先日もある研究会で新年の抱負を語り合った時、「やっと異動できそうでほっとしています。教室に行くと『死ね！』と言われ、それが毎日毎日続くと辛い」と話す先生がいるかと思うと、『死んでやる！』と言われた」という先生もいました。子どもたちにとって今の社会は生きづらいものになっています。就学前から習い事に追い立てられて、まともに遊んだ経験をもたない子どもが多くいます。そういう子どもたちは対人関係を作れないで毎日トラブルの連続です。すぐに泣いたり、鉛筆を折ったり、ノートを破いたり、物を壊したり…。

10分と座っていられない、だまって人の話を聞いていられない…。初めて取り組むことにおびえ、パニックを起こす…などです。心と体が「不安」と「危機」の状態にあります。「子どもの権利条約」にあるように、大人は子どもの話をきちんと聞く耳をもって、子どもの意志決定を待つという、ゆるやかな子育てが今求められているように思います。

2．比較競争で学力は身につくのか

経済協力開発機構（ＯＥＣＤ）の国際学力調査（ＰＩＳＡ２００３）の結果が発表されました。日本は読解力が8位から14位に、数学的応用力が1位から6位に下がりました。そのことから、現場では学校の学習時間を増やしたり、カリキュラムを過密にし、宿題を増やしたりしています。たとえば、夏休みに補習授業をしたり、あれほど力を入れていた、総合的な学習の時間を各教科にふり分けたりです。せっかく定着してきた「朝の読書」もやめてドリル学習に切り替えるところもでています。読書は趣味として好きな人が暇な時にすればよい、大事なのは学力、という風潮はとても残念なことです。

日本の学力低下とは反対に、どんどん学力をのばし、学力世界一になった国があります。フィンランドです。フィンランドでは、１９９３年に教科書検定を廃止し、現場の必要に応じた教育内容を20人という少人数学級で積み重ねてきたそうです。そのうえ、学校や子どもをテストでランクづけする仕組みがなく、脅しで動機づけない学びが保障されている…。なんともうらやましい限りです。

3．学力と図書館

フィンランドに留学していた方の話を聞いたことがありますが、フィンランドでは母国語を大切にし、外国語は必ずフィンランド語に置き換えて表現するそうです。その背景には、長い間スウェーデン語が公用語とされ、母国語が禁止されていたという歴史があり、今はその歴史を取り戻そうとするかのように、各地に学校が作られ、図書館が作られています。インターネットも無料で自由に誰でも使えるように配備されていると聞いて、とてもうらやましく思いました。

日本のような学習指導要領というものもなく、教育内容は各学校に任されていて、教師たちは自分たちの自由な考え方を尊重され、教材も自由に作っている……学力の土台の広さを思い知らされた感じです。自分の知りたいことを思う存分学校や図書館で学び、読書の世界であそび、自己肯定感を培うのです。佐藤学東京大学教授はその著書の中で「フィンランドを訪問して感動したことの一つが図書館とその分室の多さである。コンビニより多いというのが実感」「読書への関心と読書量は世界一である」といっています（教育科学研究会、２００５）。ドリルを数多くやらせ、パターンプラクティスをくり返すだけでは学力はつかないのです。ついでに書き添えると、日本の町村の

6割以上は、図書館がない知的な「無医村」だそうです。

『フィンランド国語教科書』（メルヴィ・W他、2005）が翻訳されたので読んでみましたが、まさに中身は「アニマシオン」そのものだと感じました。表現力、批判的思考力、コミュニケーション力を楽しく身につけていけます。

4．子どものコミュニケーション能力

「お話は目と心で聞きましょう」いつも子どもたちにこう言っています。前述したように、最近の子どもたちは、話をしている人に注目してじっくり話を聞くということがなかなかできません。友だちや教師が大事なことを一生懸命話していても、知らん顔をして席を立っていたり、何かをいじっていたり、隣の人とおしゃべりしたり…。

私は朝の会で「自然のおたより」の発表の時間をとっています。自然の様子を観察して見つけたことや気づいたことをみんなの前で話すのです。話を聞いて必ず質問や付け足しをさせています。先生もみんなも、自分の見つけたことを大事に聞いてくれるということが重なっていくと、子どもたちは穏やかに話し、友だちと交わるようになります。自己肯定できるようになるからです。そうなるとよい聞き手にもなっていきます。今は、教室に持ってきたトカゲの名前や、見つけた鳥がメジロかウグイスかなどを、友だちと楽しそうに図書館から図鑑を持ってきて調べたりもしていま

す。交わりが子どもを変えます。

5．「学ぶ楽しさ、知る喜び、夢をはぐくむ学校図書館」をめざして

町田市で学校図書館の充実に取り組んできた歴史をふり返ってみます。私は1969年に教職に就きました。2年間、中学校で教えた後、東京都調布市立若葉小学校を皮切りに30年間小学校の教諭をしています。分掌では30年間ずっと図書館部を担当してきました。

1953年に学校図書館法が成立しましたが、司書教諭は配置されませんでした。アメリカの教育使節団が日本に来て「学校図書館には生徒を援助し、指導する司書を置いて、学校の心臓となるべきである」と勧告し、そのことが盛り込まれたにもかかわらずです。1989年に岡山市内の全校に初めて学校司書が配置され（正規職員35名、嘱託職員81名）、私の住む町田市に配置されたのは1998年です。配置されたといってもモデル校として小学校4校、中学校2校で、翌年に小、中学校の半数に配置となりました。今は全校配置になっていますが雇用契約が不安定で、有償ボランティア方式です。「町田市学校図書館を考える会」では、雇用条件の改革、研修権の保障などを市に求めています。私の勤務していた大蔵小学校も1998年にモデル校に指定され、さっそく図書室の大規模改築とともに学校司書（町田市では図書指導員とよんでいる）1名が配置されました。本を手渡す大人が一番の読書環境だとよくいわれますが、図書指導員が入ってからの図書館は本の

貸出率が大幅（約2倍）にアップしました。子どもたちは折があれば図書室に顔を出し、調べるために必要な本を探してもらったり、読みたい本を見つけたりしていました。本があるところに人がいて、本を手渡すことができたら、子どもは必ず本が好きになると確信しました。

１９９９年5月から２００１年3月まで、私は小学校モデル校の代表として町田市の学校図書館充実検討委員になり学校図書館教育のあり方と条件整備をするための会に参加しました。この委員会は、小学校長会、中学校長会から2人ずつ、小中のモデル校から1人ずつ、市民代表5人、市職員7人から成っていました。検討委員会では図書館の整備、充実に向け、課題を①人的体制、②施設設備、③公共機関と学校図書館とのネットワークの三点におき、町田市がめざす学校図書館像を明らかにすることから検討していきました。千葉県市川市の教育センター、妙典小学校、福栄中学校等の視察をを経て、２００1年3月にその2年間の検討結果を報告にまとめることができました。おもな内容は①学校図書館を活用した読書指導、学習指導の充実、②学校図書館を支える人的体制の充実、③魅力ある学校図書館の環境作り、④学習、情報センターとしての図書館作り、⑤公立図書館と学校図書館のネットワーク事業に向けての指針作り、⑥学校図書館の地域への開放などです。この報告を受けて大蔵小学校では図書指導員の方にも参加してもらい図書館運営委員会を設置しました。そこで学校図書館は何のためにあるのか、誰のためにあるのか、本校ではこんな仕事をしていきたいなど、職員に明確に示した学校図書館運営計画を作り、運営目標や活動計画、学年ごとの年間読書計画などを明らかにしていきました。校内にこういう組織ができたことは、職員間にも図書館や本というものに目を向けてもらうのに大いに役に立ちました。

この頃市の小学校教育研究会ニュースに載せた一文です。

子ども達に豊かな読書環境を

昨年十二月に「子どもの読書活動の推進に関する法律」が公布されました。そこには四月二三日を子ども読書の日とし、子どもの読書活動を国が法律で推進する旨が書かれています。本来読書は個人の自由意志によるもので、子どもの日常の暮らしの中に自由に本を取れる場があることこそが大切だと思いますが。

子ども達が学校にいる間、いつでも本を読め、いつでも借りられ、そしていつでも人に尋ね相談できたらどんなにすてきでしょう。その意味で、本年度から、すべての学校に図書指導員が配置されたことは大きな喜びです。図書指導員は東京都では三区八市に配置されています。

次に学校図書館の資料費の充実についてです。町田市では文科省が定めている学校図書館積算基準に基づいて各学校に予算が配当されています。三〇万＋一八〇〇〇円×学級数。ただし町田市は五％削減措置をとっていますので一八〇〇〇円が一七八〇〇円になっています。文科省の定める学校図書館の蔵書達成率は町田の場合五〇％ですので、まだまだ読書環境の充実が求められます。

6．いつも読みかけの本を

全国読書週間にあわせて、私の勤務校でも10月から11月にかけて読書週間を設けています。その時のスローガンは「いつも読みかけの本を持っていましょう」でした。学校だよりに載せた文です。

読書週間が終わりました。その間に紹介された本をやはり子ども達は数多く手に取っています。「本は人から手渡されて広まるものだ」とつくづく感じています。読書週間には全クラスに柿の木文庫の方が三、四人ずつストーリーテリングに入って下さいました。子ども達は語りの世界を心から楽しむことができたでしょう。文庫の方は子ども達の年齢に合わせて、また前年と重ならないように本を選考して下さっています。ゆったりとした肉声をきくことは、心を落ちつかせてくれました。

また、図書委員は先生のお薦めの一冊を提示したり、集会で発表したりしました。読みたい本が学校図書館にはないときは公共図書館から図書指導員の乾さん、北村さんが借りてきてくださり、子ども達のリクエストに応えることができました。図書指導員は、学校図書館にはなくてはならない存在です。図書館オリエンテーションや読み聞かせ、ブックトーク、レファレンス、子ども達のリクエストに応える、図書館だよりの発行など多彩な活動をしてくれています。

二週間にわたっての、朝の全校読書も意義のあるものでした。子ども達は静かに用意してきた本を読んでいました。本を読むことは一人ですることです。一人になって静けさを得ることは現代社会には欠けているように思います。いつも群れている、人と同じでなければ安心できない、というところから一歩離れて、静かな時間、自分と向き合い安らぎを得るということは、とても大事なことではないでしょうか。また、本を読むことは自分の今いる現実から、一時他の世界に出ること。管理されない世界に生きることで「安らぎを与えられる」のだと思います。自分の外の世界に出て、自分を他のものに置きかえて考えたり思ったりする力、この力をぜひつけてもらいたいものです。教師による読み聞かせは昼休みに、低学年と高学年にわかれ、絵本室と図書室で行いました。ここでは物語ばかりではなく、科学読み物も読まれ、知的好奇心を大いに満足させてもらったようです。読書週間は終わりましたが、「いつも読みかけの本を」たずさえて生活してほしいと思っています。

読書週間中、低学年では絵本の読み聞かせを多く行ない、高学年では『おじいちゃんの口笛』(ウルフ・スタルク、ほるぷ出版) などのような短編ものの読み聞かせやブックトークなども行ないました。

7．読書へのアニマシオン

瀬田貞二さんは「この本はおもしろかった、すきだ、と第三者にその理由が言えますか」とよく言われていました。それが言えないのでは「読む力」があるとはいえないのではないかと。私自身もこれまでの自分の読書生活、読書教育はこれでよいのか、読む力はついているのかと悩んでいた時にめぐり合ったのが〈読書へのアニマシオン〉です。読む力の土台は、注意力、記憶力、話をまとめる力だと〈読書へのアニマシオン〉はいっています。だからアニマシオンでは、注意深く読むことを楽しみながら訓練します。注意を払わないと記憶に残りません。その記憶にとどまったパーツを話としてまとめていくのです。こうなって、ああなって、そしてこうなって、最後にこうなった、というように、自分の中で話が把握できるように。このことを実際の作業の中であそびながら、楽しみながら身につけていきます。①注意して読む、②記憶する、③話をまとめる、ということをくり返しくり返しやります。これができるようになると、自分で気をつけて読むようになります(セルフチェックができる)。そしてやがて登場人物についてよくわかっていくとか、批判的に読むことができるようになるのです。小教研図書館部では8年前からアニマシオンに注目し、実践してきました。2002年に町田市で開催された東京都図書館部秋季研究会では6学年のうち三つがアニマシオンの授業で、私も四年生の子どもたちと『アリババと40人の盗賊』(馬場のぼる、こぐま社)をやりました。作戦は「合戦」でした。この作戦は、二つのチームに分かれて読んだ本の内容に関する質問を作り、問題を出し合い、答えるというものです(詳細は、サルト、2001を参照)。質問は、たとえば「ムスタファ爺さんはモルジアナに命じられてどんな仕事をしましたか」「モルジアナは、どうして塩を食べないハッサンを妙なお客だと思ったのですか」「モルジアナはどうして白墨でとなり近所の戸口という戸口に目印をつけてまわったのですか」などです。子どもたちは前もってよく本を読んできており、モルジアナの行動一つひとつによく注目して質問を作っていました。何年生を担任しても①から③の作戦をくり返しやっています。アニマシオンでは一回ごとに読みの技術についてのねらいがあり、回数を踏むうちにそれが達成されていくのがわかります。アニマシオンは集団でやる読書活動ですが、アニマシオンを続けていくと、子どもたちはどんどん自由読書をするようになります。アニマシオンは、子どもたちのすばらしい味方、すばらしい読書環境

図2-7　アニマシオンでの質問

図2-8　チームに別れて

といえます。子どもたちの心を解放し、新しい世界へ連れていってくれます。

8．今、私の願うこと

小学生の子どもたちを長年見てきて、今は子どもたちにとっても生きづらい時代だと思います。「不審者に気をつけましょう」と、子どもたちに防犯ベルを持たせ、人を信じるより疑うことを教えてばかりのような気がします。子どもが大人を疑わなくてすむ、「人間ていいものだ」と実感できる世の中であってほしいと思います。私たち図書館部員は子ども時代を楽しく豊かに過ごすことができるように、「身近に本のある暮らしを」と願っています。

それには、まず家庭が文化的な雰囲気をもっているかどうかということがあります。おうちゃすゆきさんの「テキパキパキッこ」という詩がありますが、子どもたちを「てきぱきしなさい」「はやくしなさい」と追いたてていないでしょうか。親も子も日々の生活に忙しく追いたてられ、一緒に音楽を楽しむ、本を読む、会話を楽しむ、料理を作るなどの文化とはほど遠い生活をしています。ゆったりした時間を共有して、一緒に本を楽しみたいものです。学校図書館が本の倉庫になっておらず、子どもたちに本を手渡す人がいるでしょうか。図書館では心が解放され、本の世界に自由に身を任すことが保障されなくてはなりません。また、地域の図書館は身近な存在になっているでしょうか。先に書いたフィンランドでは、図書館が子どもの生活の一部になっているそうです。

子どもたちが本を通して楽しく豊かな子ども時代を過ごしていくお手伝いをこれからも続けていきたいと思っています。

3 保健室での子どもと本の出会い

於保和子（神奈川県茅ヶ崎市立浜之郷小学校養護教諭）

1. 保健室という居場所

１９９８年に開校した本校は、児童にとっては今まで経験したことのない建築様式の学校で、教室もオープン教室です。さらに、隣接地区にあった2つの小学校からそれぞれ三分の一の人数の児童が集まって開校した新設校ということもあり、今まで一緒に過ごしてきた友だちと離れ離れになってしまった児童にとっての不安と緊張は予想以上上でした。周囲の状況をなかなか受け入れられない子、新しい教室の中に自分の居場所を見つけられない子、ピーンとはりつめていた緊張の糸が切れてしまう子…等々。クラスや学年の枠を超えて個別対応が必要な児童が多く、保健室で過ごす児童も当然いました。

保健室の利用は、けがや病気の児童ばかりではありません。保健室に立ち寄って身長を測ったり、折り紙をしながらおしゃべりしたり、また、ある時は一人で本を読んでいたり、友だちと一緒に一冊の本を読んでいたりということもあります。そのような児童の自然な会話や、付き添いの子とのやりとりの中から、子ども同士の関係や親子関係、家庭での様子の本音が見えてくることもあります。また児童だけでなく、先生方やお家の方が保健室に寄って一息ついたり愚痴をこぼしたりということもあります。また保健室での対応は、けがであっても病気であっても、または他のことであっても、ほとんどマンツーマンの対応となります。しかし、必ずしも保健室にその子どもと養護教諭の二人きりという時ばかりではありません。付き添いの子がいたり順番を待っている子がいたりして、「頭痛い？」とか「どうしてけがしたの？」とか「○○ちゃんのお兄ちゃんでしょ？」などと、学年が違っても子ども同士で声をかけ合っています。さらに、先生方も保健室に立ち寄ってくださ

図2-9　浜之郷小学校

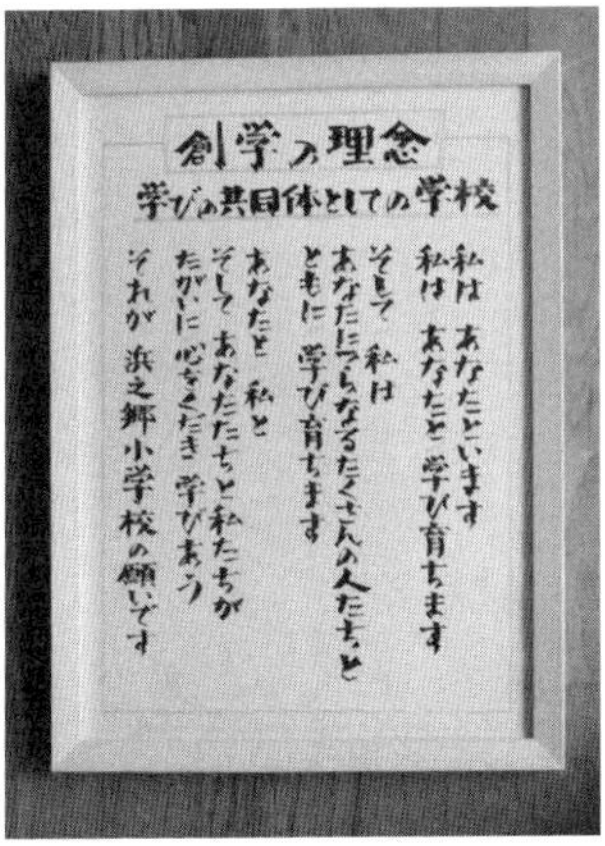

図2-10　浜の郷小学校の創学の理念

ったり、お迎えのお母さんも声をかけてくださったりして、保健室という場所を介しての交流、人とのかかわりができてきます。このように、保健室は日常的にいろいろな人たちが出入りし、集うという場になっているように思われます。保健室も学校の中の「居場所」となる空間の一つであると私はとらえています。そして「誰でも、いつでも、どんなことでも入りやすい保健室」「明るく、身近で、親しみやすい保健室」を心がけてきました。

2. 一人の男の子との出会い

新設校建設にあたっては、小学校養護部会の要望で保健室にはカウンセリングコーナーが設けられました。不安感がとれず、なかなか教室に向かうことができずに保健室で過ごす児童は、そのカウンセリングコーナーに配置してある楕円形のテーブルの椅子に、自然と座ります。保健室の出入り口から見ると、四脚ある椅子は見える場所と見えない場所が、角度によって微妙に違います。どの椅子に座るのか、それぞれの場所はその子なりの意味があるように思われます。そしてカウンセリングコーナーの壁面には、新聞紙を広げた位の大きな絵が掛けられています。

その絵には『11ぴきのねこ』というタイトルが書かれ、すべての猫は「11ぴきのねこ号」と命名された船に乗っているのです。そして11匹の猫は一匹一匹それぞれに楽しそうで、しかもすべて違う表情をしています。この絵は、開校の年に自閉症のK君が描いた絵です。全校音楽会で歌う学年合唱曲の楽譜の表紙用に彼が描いた絵でした。私は11匹の猫たちの表情の豊かさに感動し、その絵を飾っておきたいという想いにかられ、カラーコピーで拡大してつなぎ合わせて新聞紙大までにし、台紙に貼って壁掛けにしたのです。彼がこの絵を描いている場に私がいたわけではありませんが、彼がお話をしながら楽しそうに描いている姿が目に見えるようでした。わずか1年間の在籍でしたが、私には彼と過ごした時間が今でも鮮明に残っています。そして何より、それまでの固定概念や事象の見方やとらえ方を打ち砕き、彼から気づかされたり学ぶことが多かった1年でした。

本校に通学するようになってまもなく、ご両親と主治医からの「学力的なことは今後いくらでも入っていくので、今はたくさんの人にふれ、かかわり、社会性を身につけさせたい」という指針を受けました。学校としても、在籍する母学級だけが教室ではなく浜之郷小学校すべてを彼の教室ととらえ、いろいろな場所で声かけをしていきました。5月になり、教室を離れて保健室に来るようになりました。

K君の一日は、毎朝8時30分までに、母親と一緒に登校し、教室に入って担任と級友に朝のあいさつをすることから始まります。ランドセルを置き、担任の先生に日記帳を提出した後は、大切な本とカードなどが入った手提げ鞄を持ち、一人で保健室に来るという日課でした。

5月に保健室に来始めた頃は、大好きなゲームの攻略本に登場するキャラクターになりきって、一人で何役もこなし、保健室内のあちらこちらへ動きながら、一人芝居を演じているかのような状況でした。彼が話している内容は、創作ではなく本文通りの文章であり、それがすべて頭の中に記憶されていて、毎日何度もくり返しては楽しんでいました。その様子は、周囲の状況などまったく関係がないかのような行動に見えました。人とのかかわりといえば、唯一、眠くなると私に「背中を掻いて！」と頼むことくらいでした。たまたま背中を掻く代わりに、指先でいろいろな海の生物を表現しながらあそんであげていたら、すっかり気に入って、1学期いっぱいはそればかりをせがまれました。その後しだいに、理由をきちんと話してあげると指示も通るようになっていきました。

しばらくたったある日、保健室の書棚（ふだんから児童が自由に読んでいる本が入っている書棚）から一冊の本を取り出し、「一緒に読もうよ！」と持ってきました。それはドラえもんの映画作品3本を一冊にまとめた挿絵入りの本（『大長編映画6　ドラえもん』藤子不二雄、小学館）でした。K君は、全文を読んでほしいわけではなく、何匹かの動物が登場するお話の、決まったページを毎回、リクエストしました。特に会話の箇所が大好きで、読んでいる私の顔を覗き込むようにして聞いていました。最初のうちはストーリーを楽しんでいるようでしたが、そのうちに自分の家族や気になる友だちや私をお話に出てくる動物にたとえては、同意を求めて喜ぶようになっていきました。周囲などまったく関係ないかのように見えたK君が、自分とかかわりのある人を彼なりにイメージして、それぞれを本の中の動物に重ね合わせたのだと思います。そして彼の頭の中に描かれた絵に合わせて、動物にたとえられた人物が何人も登場する別のお話も作られ、それを文章にしてワープロで打つようになりました。

このように、この本をきっかけに、K君が周囲とのかかわりをもち始めたことに私は驚きました。そしてしだいに感情面でも変化が見られてきました。けがをして血を流している子が保健室に来れば「痛いの？　大丈夫？」とくり返し尋ねる場面も出てきたのです。またある時は、場面寡黙の女の子が絵を描くことが大好きなK君が作った12か月のカレンダーを見て喜んでくれたことを、自分の日記に次のように書きました。

「きょう　Kくんが　カレンダーをかきました。

○○ちゃんが　よろこびました。　おもしろくていいな。」

自分の要求が通らない時にしか感情を出していなかった頃から比べると、明らかに自分以外の人とのかかわりの中で、いろいろな感情を出すようになっていきました。

K君がたまたま出会った一冊の本は、彼自身の生活に置き換えられ、そこから別のお話がどんどん作られていきました。そして自分以外の人にそれを伝えて共有することを喜ぶようになりました。そのK君の変容をそばで感じることができたことは、私にとって貴重な体験でした。

3．挿絵の力

もう一人、ダウン症のY君についても忘れられない場面がありました。入学前に、親子三人で学校に来てくれたのが最初の出会いでした。言葉が出ないことと運動面の遅れがあるということは事前にうかがっていました。ゆっくり話をしながら校舎内を案内して一緒に回った時には、一年生の教室参観だけでなく、吹き抜けのふれあいホールにある螺旋形滑り台を何度も滑り降りては楽しそうにしていました。そして、最後に図書コーナーに寄った時のことです。本を手に取り、床に座り込んでページをめくるその様子は、体ごと本に集中しているように見えました。そのかたわらで、わが子のことを話す母親からは、入学に対する期待と不安が痛いほどに伝わってきました。「字は読めないのに、本に向かい始めたらなかなか動かないんですよ」という母親の言葉通り、両親がそろそろ帰ろうかとうながしてもなかなか応じようとせず、最後は泣く泣く父親に抱っこされてその場を離れました。

本校では、朝の読書の時間が設けられており、毎朝全校児童と教師がともに静寂の中で本と向かい合う時間があります。まだ字が読めない入学当初は、担任が読み聞かせを行なったりもしています。Y君も読み聞かせにじっと耳を傾ける姿が見られたり、保健室にも頻繁に来室してはテーブルの上の本を手に取ってよく見ていました。

そしてY君が3年生になった6月。私はある絵本を紹介するため、保健室で新聞記事を切り抜いていました。その新聞記事は、絵本『くまのこうちょうせんせい』（こんのひとみ作／いもとようこ絵、金の星社）が明日店頭に並ぶという内容の記事でした。この絵本の中の校長先生は、神奈川県茅ヶ崎市立浜之郷小学校の初代校長大瀬敏昭先生がモデルとなっています。作者のこんのひとみさんはシンガーソングライターであり、浜之郷小学校に出前ライブで何度か来ていただいたのをきっかけに、その後も大瀬校長先生と親交を深めていかれました。こんのさんは、大瀬校長先生の詩をもとにして浜之郷小学校の子どもたちのために合唱曲を作ってくださったり、「大瀬校長先生のメッセージを全国の子どもたちにも届けたい」という想いでお話を書かれました。いずれ絵本という形で届けたいというその原作を読んだ大瀬校長先生は、この本が出版されることをずっと心待ちにされていました。しかし、その出版を待たずに２００４年1月3日に亡くなられました。

私のそばに来て新聞記事を目にしたＹ君は、大瀬校長先生の写真を指差し「こうちょうてんてい（先生）。こうちょうてんてい（先生）。」と言い、「たい（痛い）？　たい（痛い）？　ポンポンたい（お腹が痛い）？」と私に確認を求めました。大瀬校長先生の死を、Ｙ君がどのように受け止めていたのかはわかりませんが、彼なりに受け止めていることは十分伝わってきました。そして店頭販売前に作者のこんのひとみさんからいただいていた絵本を見せて「校長先生のご本ができたんだよ」という私の言葉を聞き、彼はテーブルの上でパラパラと絵本のページをめくりました。

くまのこうちょうせんせい

そして、登校する子どもたちを毎朝正門で迎えるページ（図２－11）を見て、くま校長先生を指差し「こうちょうてんてい！　こうちょうてんてい！」とY君は叫んだのです。

教室での風景のページでは、担任の鹿先生が子どもたちにお話ししている絵（図２－12）を指差し、自分の担任の先生の名を叫びました。

入院している様子を描いたページでは、ベッドに寝ているくま校長先生の横に立っているブタの看護士さん（図２－13）を指差し、「おぽてんてい（於保先生）、おぽてんてい」と声をあげました。

図2−11

図2−12

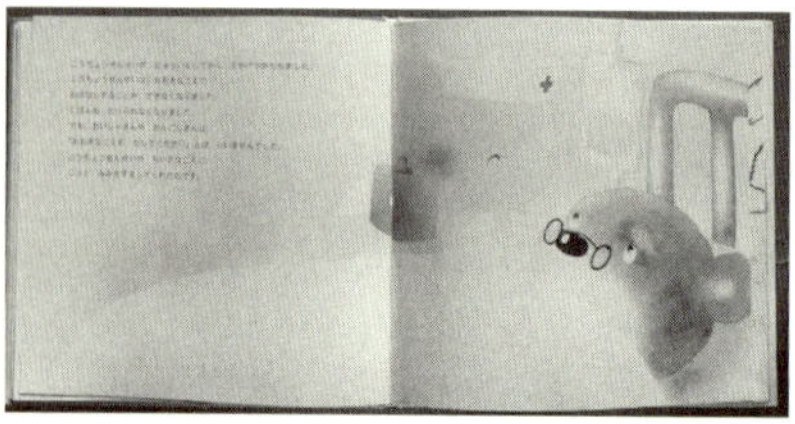
図2−13

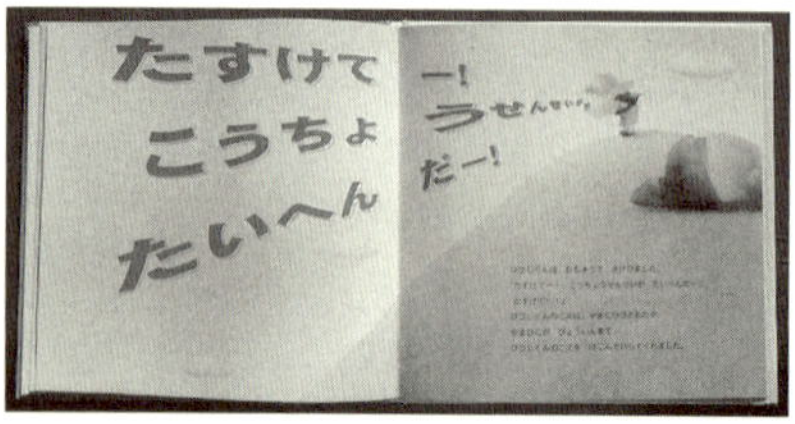

図2−14

そして最後のページを見終わって絵本を手に取ると，保健室の診察台の上に立ち上がり声に出して読み始めたのです。それまでは声に出して本を読むことは一度もなかった彼が，私に絵本の読み聞かせをしてくれようとしているのだとすぐに理解できました。声に出すといっても発音がうまくできないために，言葉としては聞き取れないのですが，ページをめくりながらたしかに読んでくれています。しかも驚いたことには，挿絵を見ながらストーリーに合った表現で読んでくれたのです。穏やかに優しい口調で話しかけるように読む場面，悲しそうに読む場面，楽しそうに読む場面……明らかに彼の読み方にはページごとに違いがありました。圧巻だったのは，やまびこ山の頂上で突然校長先生がうずくまってしまい助けを求める場面（図2－14）で，わめくような大きな声で早口で言葉を発していました。

そしてすべて読み終わって裏表紙を閉じると，彼は「お・し・ま・い」と言ってペコリとお辞儀をして診察台から降りました。文字の読み書きはまだ困難なY君でしたが，挿絵から感じたストーリーが彼の頭の中には描かれていたのです。あらためて，挿絵の力の大きさを感じました。

この様子を私はすぐにY君の母親に伝えました。母親は「体育館で絵本の読み聞かせをしてくれた校長先生が，きっとあの子の中に残っているんでしょうね」とおっしゃいました。終業式の日には、大瀬校長先生が全校児童に絵本の読み聞かせをしていました。その頃，Y君の下校時には母親が迎えに来ており，下校が早い終業式の日には体育館で同席していたので，保健室での彼の様子はすぐに想像できたようです。Y君が校長先生の絵本の読み聞かせを聞いたのは、1年生の時に1回、2年生の時に2回だけであったにもかかわらず、Y君にはとても印象深く残っていたということでしょう。1年生から6年生まで、全校児童700名以上がいっせいに読み聞かせを聞くわけですから、絵本といっても挿絵は見えなかったはずです。しかし、マイクの前に絵本を持って立っている大瀬校長先生の姿とマイク越しの声が、Y君にはしっかり届いていたのでしょう。

あれから2年経ち、Y君は4年生になり文字が少しずつわかるようになってきました。母親の話では、学校の図書コーナーから借りてくる本も挿絵が少ない本に変わってきたそうです。また、少しだけ夜更かしが許されている金曜日と土曜日の夜には、本を読んでもらいたくて自分の部屋からたくさんの本を抱えて父親のそばに寄ってくるそうです。

この二人の男児のエピソードは、「本」が子どもの創造力を伸ばすだけでなく、人に読んでもらうことで読み手の口調、声色や声質、顔の表情を楽しみ、さらにスキンシップや温もりを感じながらコミュニケーションが芽ばえていったことを教えてくれていると思います。そして保健室での二人の「本」との出会いは、私にも養護教諭としてのあり方に新たな出会いと視点をもたらしてくれました。

〈付記〉大瀬校長先生は、1998年4月1日、神奈川県茅ヶ崎市立浜之郷小学校初代校長として着任。「学びの共同体としての学校」を創学の理念に掲げ、学校改革の実践に取り組んだ。「子どもたちに人生最高の6年間を過ごさせてあげたい」「学校らしい学校をつくりたい」というのが願いであった。それは、どの教室においても自信をもち安心して学びに参加できる子どもがいて、どの教師も誇りをもち自分自身を自分らしく伸ばせる学校のことである。開校2年目に発病し、その後余命宣告を受けながらも授業づくりへの想いは変わらず、子どもたちのいる学校に通い、いのちの尊さを伝え続けた。２００４年1月3日に永眠。亡くなる2週間前の終業式での全校児童への絵本の読み聞かせが、最後の「いのちの授業」となった。

4　学校図書館の成熟へ

片桐生恵（長野県伊那市立美篶小学校図書館司書）

私は、学校図書館司書の仕事につく前から、ボランティアとして地域の図書館での読み聞かせグループに入っていました。月1回の読み聞かせを楽しみにやって来る2歳から小学4年生ぐらいの子どもたちに、心地よい時を過ごしてもらおうと、骨惜しみなく力を注ぐ仲間たちに囲まれて過ごしてきました。そのような活動を通して「本を読む」ということは個の世界のものでありながら、聞く子どもたちと読み聞かせる人が作り出す心地よい時間により、楽しさが深まっていくものだなぁと感じています。また、わが子の学校の読書週間中にクラスで読み聞かせを行なった経験など、一保護者として、一市民のボランティアとして子どもたちの読書活動にかかわってきました。本を媒介にして私自身、本そのものや言葉のもつ心地よさをいろいろな人と感じ合う楽しさを味わってきたような気がします。

1．学校図書館というところ――願い――

そんな私が、学校図書館に勤務するようになって4年が経とうとしています。今までの、本にふれる活動を生かしながら学校図書館の仕事にかかわってきました。学校図書館が教室とは違う空間として、子どもたちにとってわくわくしたり、落ち着くことのできたりする場所になったらいいなぁという願いをもって私なりに取り組んできました。

大学卒業後、東京の公立幼稚園に勤めた私は、そこで子どもにとっての環境の大切さを学びました。朝、「おはよう」とやってきた子どもたちが、自分から活動を始める環境はどのように作ったらいいのか？　遊び始めた子どもたちがじっくり好きな活動に入り込んだり、遊びという活動を発展させたりできる環境はどのように作ったらいいのか？　と常に考えながら、子どもたちの興味をそそるために物を置く場所や空間の設定をあれこれ考えてきました。そのような経験の中で、子どもたちが興味をもったり、心を動かされたりすることに環境が大きく影響していることに気づくことができました。

2. 願いの実現のために

(1) 環境へのアプローチ

そこで私は、「図書館でも子どもたちの心を動かせるような環境を作りたい」という思いをもちながらささやかな実践を試みてきました。

一つ目は、子どもがみずから作っていくことができる壁面を用意することでした。子どもたちが、やらされる活動ではなく、「やってみたい！」とみずから思って活動できることを願った壁面作りです。たとえばある時は、『せんたくかあちゃん』（さとうわきこ、福音館書店）の一場面からのイメージで、Tシャツの形の紙に模様をデザインして壁面の物干しロープに干すようにつけていくものだったり（図２－15）、梅雨時のある時には、詩とともに池やあじさいを作っておき、細い紙を丸めたかたつむりを作って飾ってもらったりして（図２－16）、子どもたち自身が作り上げていることを実感できる壁面です。はじめは、子どもたちが図書館に足を運び、壁面を作り上げていく楽しさにふれてくれれば、くらいにしか思っていませんでした。しかし、実際にできあがってみると想像以上のものができ、子どもが生活していることを感じさせてくれる図書館環境が、子どもたちの手で作られていくことに感激することがたびたびありました。たとえ、すぐに読書に結びつかなくても、子どもたちが心動かされ、みずからかかわっていく姿に、「もっと楽しい壁面を作ってあげよう」

図2-15　せんたくかあちゃん壁面

図2-16　かたつむりを飾る

という新しい環境作りへのやる気をかき立てられました。

二つ目は、利用しやすく、子どもたちの心を動かす魅力的な図書館であるために、本の平置きやミニコーナーなどで本をアピールすることはもちろんのこと、既存の書架やドアなどにも変化を与えることでした。大胆にも、背の高い古い書架を公務技師の方にお願いして一段低く切ってもらい（図2－17）、入り口のドアに館内を見通せる窓を切り抜いて作ってもらいました（図2－18）。これだけで明るく館内全体が見通せる図書館ができあがりました。また、物置にあった古い木のベンチにペンキを塗り、図書館の中に置くと、子どもたちは座ったり、机として使ったりして、居心地のよい空間を作り始めました。このようにちょっとした環境に工夫を凝らすことで子どもの動きが変わったり、友だち同士のつながりが生まれてきたりしました。

三つ目は、紙芝居屋さんの実践です。紙芝居屋さんをやってみたいと考えている時、敷地内の資

図2-17　一段低く切った書架

図2-18　入り口の窓

料館に古い自転車があることを教えてもらいました。そこで、紙芝居屋さん用の自転車として貸し出してもらうことを依頼しました。昔ながらの紙芝居屋さんをまねた「学校紙芝居屋さん」の誕生です。すると、理科の先生が「駄菓子のかわりに角砂糖でべっこうあめを作ってあげたらどう？」と提案してくれたり、音楽の先生が「紙芝居屋さんの歌があったら盛り上がるんじゃない？」と紙芝居屋さんの歌を作詞、作曲してくれました。読書週間中などの昼休み、給食を食べ終えた子どもたちが、紙芝居の拍子木の音を聞いて外に飛び出してきます。紙芝居屋さんは図書委員の子どもたちだったり、校長先生だったりします。いろいろな人のアイデアが集まって、この紙芝居屋さんの活動をみんなで作り上げていく喜びを感じることができました。また、子どもたちがお話にふれる環境は、アイデアしだいでいろいろな所で実現できるものだと実感することができました。

(2) 図書館キャラクター「どくしょマン！」誕生

司書教諭の先生の発案で、図書委員会が中心となって図書館キャラクターを募集しました。全校児童400人強の学校で、200通以上の応募があり、「どくしょマン！」とその仲間「まりも天使」が生まれました。そして、絵の得意な六年生が中心になって連載まんがが始まりました。図書委員が変わっても絵の好きな子が引き続き書いています。月一回、定期的に発行している「としょかんだより」（図2－19）にも「どくしょマン！」と「まりも天使」をたびたび登場させたり（図2－20）、図書館入り口にマスコット人形を登場させたりして（図2－21）、「どくしょマン！」と「ま

図2-19　としょかんだより No. 1（表裏）

りも天使」は子どもたちの人気キャラクターとなりました。こうして、また一つ、学校図書館が子どもたちにとって身近な場所になったような気がします。

(3) 朝の全校読書の時間

昨年から、毎日の日課の中に朝の全校読書が加わりました。この時間を子どもたちはどんなふうに思っているのかを知りたいと思い、三年生以上にアンケートをとってみました。

図2-20　どくしょマン！とまりも天使

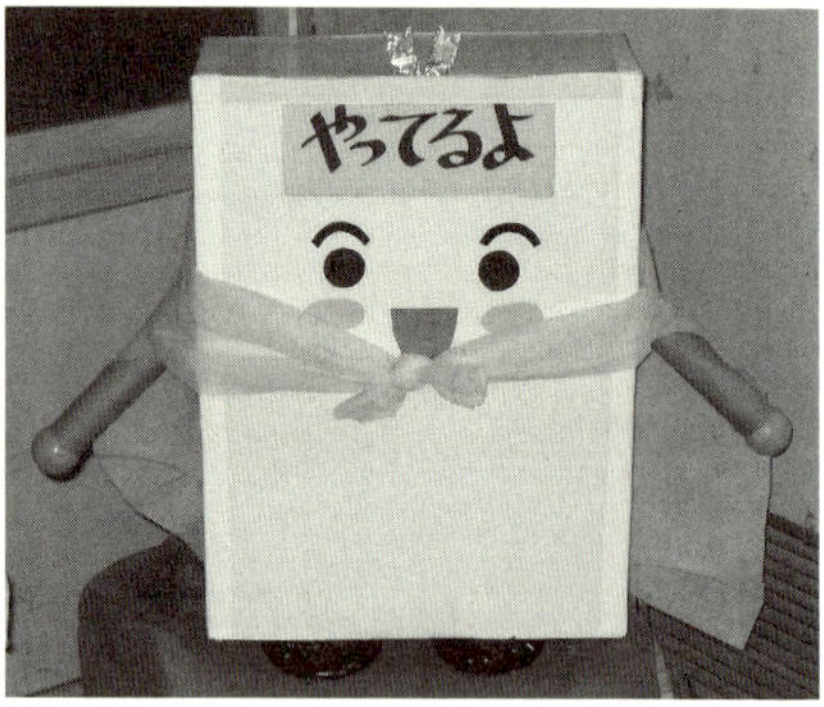

図2-21　図書館のマスコット人形

六年生では『朝の全校読書』をやってよかったこと」として、「はじめは好きじゃなかったけど、だんだん（読書が）好きになった」「前より楽しくなった」「本を読む時間ができた」「いろいろな本に出会えた」「長い本が読めるようになった」「本に関心がもてるようになった」「次の日が楽しみになった」「集中できる」などの回答が多数ありました。読書の時間がしっかり確保されているよさを、子どもたち自身が感じ取っていることを示してくれたように思いました。

朝の読書が日本中の学校で始められています。そんな朝の読書に対する考え方はさまざまだと思いますが、私は「子どもたちの心を育てるために朝、一斉に読書をする」とか、「落ち着いた生活をさせるために朝の読書をする」などの何かの目的のための読書は行ないたくはないと考えています。読書の時間は単純に「読書の時間を味わう」「本に浸る」「本と遊ぶ」時間になればいいと考えています。その結果として豊かな心を育てることになったり、落ち着いて生活できるようになるということが、読書の本来の姿ではないでしょうか。

(4) 生の声で伝えるということ

週1回どのクラスも、図書館の時間が設定されています。図書館に来て読書をする時間です。その時間のはじめに、図書館の隣の「おはなしのへや」（後述）で、どのクラスにも読み聞かせや本の紹介・ブックトークなどをしており、1年間でかなりの本を紹介することができます。どの本をどのように紹介するか、どのように読み聞かせるのかを考えることは、産みの苦しみもありますが、「どんな顔をして聞いてくれるのか」「どんなお話を喜んでくれるのか」と、子どもたちの顔を思い浮かべながら考えることは、私にとってとても楽しい時間でもあります。

40人近くの子どもたち全員を引きつけるのはむずかしいことですが、食い入るように聴いてくれ、終わった後に「あーおもしろかった～」とか「ふぅ～」と満足気な顔を見せてくれた瞬間は、私にとっても、心地よいひとときとなります。

展開の早い映像などに慣れている今の子どもたちですが、私は「ゆったりした時間の中で、いろいろなお話を聞きたい」という子どもたちの気持ちは、昔も今もそう変わらないのではないかと思っています。長編の読み聞かせから、わらべうた、パネルシアター、紙芝居、語りなども含めて、気負うことなく、これからも生の声で伝える時間をできる限り大切にしていきたいと思います。これらの活動がすぐに子どもたちみずから本を読み出すきっかけにならなくても、6年間の間にたった1回でも、お話にふれる心地よさを味わう経験をしてくれれば私の活動は意味があったと思っています。

(5)「おはなしグループ」誕生

保護者の方に読み聞かせをしてもらったことをきっかけに、毎週1回、保護者の方に朝の読書で一年生に読み聞かせを行なってもらうことにしました。そこで、賛同してくださる方を募って「おはなしグループ」というボランティアグループができました。

ほとんどの方が未経験だったのですが、そのことが、あまり形にとらわれず、活動を一から作り上げていくのにとてもよかったのではないかと、今、思います。それから2年。今は一・二年生、自律学級の教室に入ってもらい、「おはなしグループ」の13人ほどのメンバーが朝の十分間のために選書や練習をしに図書館に足を運んでくれます。私が読み聞かせのために学校へ出向いていた時は学校の敷居がとても高いと感じていたので、このように自然に学校の図書館に出入りできることは、とてもよいことだと思います。また、子どもたちにとって「おはなしグループ」の人たちとふれあう時間は、授業の時間とは異なった、「本や読み手の声に浸り切ることのできるような時間」になってほしいと思います。そのために学校図書館の敷居を低くして「おはなしグループ」の人たちと本を通じて私自身がつながっていくことを大切にしていこうと思います。

(6)「おはなしのへや」の誕生から

昨年、司書教諭の先生が「図書館の隣の教具室を『おはなしのへや』として使いたい」と職員会議で提案してくれました。毎朝の読書が定着しつつあり、お話を読んでもらったり聞いたりすることが子どもたちの日々の生活であたりまえになった今、その提案通り「おはなしのへや」が学校内に誕生しました（図2－22）。そのおかげで、図書館という場ではなかなかかなわなかった、休み時間の「おはなしのへや」の活動が作り出されました。月2回ほどおはなしグループによって休み時間に催されたり（図2－23）、図書委員会の子どもたちの「おはなしのへや」活動が、そこで行なわれています。

休み時間になると、「お話を聞きたい」という子どもたちがやってきます。だんだんと子どもたちの期待も高くなってきて、おはなしグループのメンバーたちも工夫を凝らさなければならなくなってきています。でも、おはなしグループのメンバーもこの期待に応えようと、自ら学習して臨んでくれています。また、朝、一年生に読み聞かせを始めた六年生が練習する場として「おはなしの

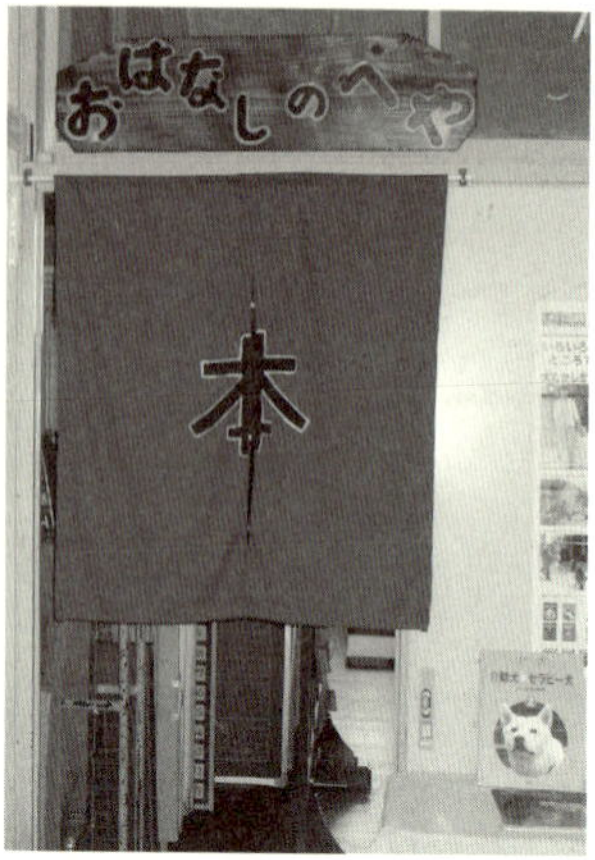

図2-22　おはなしのへや

図2-23　「おはなしのへや」の時間

へや」が活用され始めました。「おはなしのへや」という場所のおかげで、また一つ、学校の中の読書環境が充実してきたことを実感しています。

3．さらなる願いをもって

「来週、社会の授業で調べたいことがあるので資料を集めて下さい」と先生方に頼ってもらえたり、「図書館だよりに載っていた本、お母さんが見たいって」と子どもを通してお家の人とのつながりを感じることがあります。また、自分が読んでおもしろかった本のことを互いに話している先生方の姿。「この本おもしろいから読んでみて！」という友だちの言葉で本を選ぶ子どもたちの姿。「私、本を読む先生ね」「○○ちゃんは、聞く人ね」と言いながら図書館に入ってくる一年生の姿など（図2－24）。本を通して人がつながっている姿が、私のささやかな実践に対して、「やってよかった」という何にも代えがたい満足感を与えてくれています。子どもたちが本にふれる活動は、さまざまな子どもたちの活動の中の一つですが、その一つのことに心地よさを感じてくれる子どもが一人でも増えてくれることを願っています。また、

図2-24　読み聞かせごっこ

子ども同士、先生と子ども、おはなしグループのメンバーと子ども、そしてその人たちと図書館にいる私が、本を通しての心のつながりを紡ぎ合うことのできる図書館をめざして、これからも少しずつがんばっていこうと思います。

5 子どもと本の架け橋に――学校図書館ボランティアの役割

内野史子（千葉県八千代市）

1．読んであげたい

今から30年も前のことです。まだ今のように「読み聞かせ」という言葉も、ほとんど耳にしない時代に、私は担任の先生に『モモちゃんとアカネちゃん』（松谷みよ子、講談社）を読んでいただいたことがあります。埼玉県に住んでいた小学校の五年生の時です。当時、私の家ではよくない出来事が重なって、家庭環境が崩れかけていました。父は仕事で、私が五年生に上がる二か月前に東西分裂時代の西ドイツに単身で赴任。母は、父がドイツに飛び立ったその日に生まれた私の二番目の妹を出産した時の医療事故で、重い病気を患ってしまいました。未熟児で生まれた妹は、なんとか保育器から出られた後も、育てる手がなく親に抱かれないまま施設に預けられ、私とすぐ下の妹は父のドイツ赴任の日を境に、家に二人きりになってしまいました。私たちの身の周りの世話をするため、田舎から母方の祖母が慌てて来てくれましたが、あまりに突然の環境の変化に私たち姉妹のショックは相当なものでした。父に置いていかれた喪失感、母を失うかもしれない恐怖、長女としての責任感、まだ見ぬひとりぼっちの妹のことで私の胸は張り裂けそうでした。先生が読んでくださる「モモちゃん」と生まれたばかりの妹「アカネちゃん」。そして二人を一生懸命育てる「ママの姿」と「パパの不在」を当時の私はどんな気持ちで聞いていたのでしょうか。その時の記憶として私の胸に残っていることは、ただ自分の五感のすべてを使って、すがるように先生の声を「命」で感じた感覚だけです。先生の本を読む声が耳に響いている間だけ、自分が忘れかけていた温かな気持ちを取り戻すことができたのです。人から自分の（自分たちの）ために本を読んでもらうことの「幸せ」を体感できた貴重な出来事でした。私はそれを「声のスキンシップ」とよぶことを最近知りました。

長い年月が過ぎ、私があの時の「幸せ」を思い出したのは、主人の転勤で、現在住んでいる千葉県八千代市から偶然にも埼玉県に一年間移り住んだ、2003年のことでした。子どもたちは、地元の小学校に通うことになり、私は朝の読み聞かせをする保護者グループに参加することにしました。「まずは経験を」と、さっそく子どもたちの待っている教室にドキドキしながら入り、用意してきた本を読み始めました。グレゴワール・ソロタレフ作の『オオカミクン』（ほりうちもみこ訳、ポプラ社）です。オオカミとウサギの友情を笑いと切なさを交えて伝える、あざやかな色で描かれた本

モモちゃんとアカネちゃん

オオカミクン

です。教室がしんと静まり返り、子どもたちが目を輝かせ、私の声にじっと耳を澄ましてくれている空気を感じます。「これだった」と私の遠い記憶が甦った瞬間でした。まだ小学生だったあの頃からどれだけの年月と時間が過ぎているかは、私には問題ではありませんでした。教室のどこかに、明るく元気な子どもたちの中にまぎれて、かつての私と同じような寂しい目をした子どもはいないだろうか。私は、「学校にいる子どもたちのために何かできたら」という思いで、その時から子どもたちに読む本を図書館で丁寧に選び始めました。自分や自分の子ども以外の誰かのために「読む」ことの意味を探りながら、たとえ数百分の一の確率でも、私の声に耳をすましてくれる誰かを温かく包んであげられたら、という思いで。

2. 読ませてあげたい

私の住む八千代市ゆりのき台は、10年前に新線が開通して以来住宅開発が進み、人口が急激に増加している地域です。1年間の埼玉での生活から八千代の暮らしに戻り、再び子どもが通うことになった八千代市立萱田小学校は、1992年の開校当時は292名だった児童数が年々増え続け、2005年には1330名にまで膨れ上がっています。そのため学校は、毎年教室の確保に悪戦苦闘し、図書室も、2005年に二度目の校舎の増築が行なわれるまではランチルームと兼用でした。読書には環境が大切であることは埼玉の小学校の取り組みで学んでいたので、私はこの環境を非常に残念に思いました。しかしどう考えても、これだけの児童数を抱える学校の現状では、学級担任をもつ図書主任の先生や1週間に1度来校する読書指導員の先生だけでは、十分な図書の管理は困難でした。ランチルームに置かれた書架には、背表紙の題名が消えかかっている本や落書きされている本、破れていたりページの抜けている本が山ほどありました。子どもたちがどこに戻したらいいのかわからず適当な場所に積み上げられた本、使われていない代本板も書架の場所をとっています。私は一生に一度しかない子ども時代に過ごす小学校の図書環境を、このままにしておくことにたいへん胸が痛みました。

埼玉県から戻ってきたばかりの頃、萱田小学校でも以前のような読み聞かせができないものかと私は考えていました。幸い、思いを同じくする友人にめぐり会うことができ、三人で学校に出向き、読み聞かせの提案をしてみました。しかし学校としては当初、読み聞かせは時期尚早で、まずは図書環境の改善が先、という考えがありました。そして、それは私たちにとっても大いに納得のできるものでした。私たちにも「学校のために何かできるかもしれない」と、ＰＴＡ総務の協力を得て、近隣の学校ボランティアや他市の学校図書館司書の先生を訪ね、学校の図書環境をよくするために、私たちがどのように協力できるか、また学校図書アドバイザーや市内の緑が丘図書館からは学校の図書室作りについて、情報を求めました。子どもたちに本を「読んであげたい」という私の熱い思いは、しだいに「読ませてあげたい」という新しい思いに形を変えていきました。

3．読ませてあげるには

現在、私は萱田小学校で、友人とともに三人で図書ボランティアのリーダーをしています。読み聞かせを学校に提案した4か月後に、学校は子どもたちの読書環境を改善するために図書ボランティアを募集したのです。ランチルームに置かれた書架は増築された校舎に移され、新しい図書室として生まれ変わる準備が整いました。私たち三人はほぼ毎日学校に通い、約70名の保護者ボランティアの先頭に立って、半年間学校の図書環境の整備に全力を注ぎました。未回収のままの本を集め、読みにくい本の題名を打ち直し、ラベルを新しく貼り替え、相当数の傷んだ本を修繕しました。一冊一冊時間のかかるブックコートも、多くの手で進められました。

ボランティア同士で、作業をしながらのおしゃべりも楽しいものでした。「高学年の音読には星新一の『ショートショート』が、聞く親のほうも飽きなくていい」とか、「子どもには本を薦めるけれど、実は自分が小学生の頃最後まで読みきった本はたったの一冊…」など、子どもの本をめぐって親の読書観や読書体験が話題になります。本の修繕についてもみんなで意見を出し合い、工夫を重ね、より改善された技術が編み出されました。ボランティア同士が親しくなればなるほど得意な分野が発揮され、思いがけない成果が上がり、図書室作りが楽しくなりました。

さらに、PTAの各委員会も全面的にバックアップしてくれました。ベルマークのポイント収集やバザーの収益で、不足していた書架や本を購入することができたのです。「本のためにがんばりました」という委員さんの声には、私も素直に感動しました。学校からは、地域にも回覧される「萱田小通信」（図2－25、2－26）で本の寄贈をよびかけ、近隣の方々から、成長して読まなくなった子どもの本を小学校の子どもたちのために気持ちよく提供していただきました。

私たちリーダー三人は、図書室で子どもたちの笑顔を見るまでは、という共通の思いで、学校と保護者の力がうまくかみ合うようにでき得る限りの努力をし、知恵をしぼり、励まし合いました。学校（先生方）・地域・ボランティア・保護者がそれぞれの立場で、一つの目標に向かって力を合わせたこの「大事業」は、私一人の思いからは到底想像できませんでした。子どもたちに本を「読ませてあげるには」多くの人の力が必要でした。

4．子どもと本の架け橋に

「今日は『おはなしポケット』の日です。今日読む本の題名は…」。給食の時間に元気のいいアナウンス委員の声が学校中に響き渡ります。1年前には不可能とさえ思えた、学校での読み聞かせが、ボランティアにより現在週に2回昼みに行なわれています。図書室の書架にはきれいに修繕された

萱田小通信　17年1月14日　臨時号

読書環境推進ボランティアの募集

新年を迎え、保護者の皆様におかれましては、ますますご健勝のこととおよろこび申し上げます。子どもたちも、3学期を迎え、今年度の学習の締めくくりとしての学習活動に取り組んでいるところです。

校舎増築工事も順調に進んでおり、完成が待たれるところです。この工事の完成によって、いろいろな面での充実が期待されます。

そのひとつに、図書室が新校舎に移動し、子どもたちが活用しやすい読書環境の整備があげられます。この機会を活用し、新しい図書室をより一層活用しやすい充実したものにするために、図書の整備と管理システムの改善、また読み聞かせ指導等読書指導と読書環境の充実を図りたいと考えております。

しかし、教職員だけの作業では、新学期スタートには間に合わない現状にあります。そこで、保護者の皆様のボランティア活動によるご支援を受け、これらの整備を進めたいと願っております。ボランティア活動での当面の作業内容は以下のとおりですが、やがて読み聞かせ活動へ発展させたいとも考えております。この趣旨にご賛同いただき、お手伝いいただける方がおりましたら、切り取り線以下にご記入の上、1月21日（金）までにお知らせくださいますようにお願いします。多くの皆様のご応募を期待しております。

1　お手伝いいただきたい内容（2月から3月末まで作業内容）
　図書の整備（活用に耐えられない図書の選別）
　活用できる図書のビニールコーティング
　新しい図書室へ図書の移動、陳列

2　組織
　ボランティア活動に参加いただける皆様によって組織し、作業日程や工程を定め取り組む。

――――――――　切り取り線　――――――――

お手伝いくださる方の氏名　　年　　組＿＿＿＿＿＿＿＿＿＿＿＿

【おたずねします】

1.　活動時間は午前・午後どちらが都合がよいですか　（午前　午後　どちらでもよい）
2.　パソコン操作の経験や興味がありますか。　（　ある　　ない）
3.　読み聞かせの経験や興味がありますか。　（　ある　　ない）
※　その他、図書の整備などに携わった経験がありましたらお知らせください。

図2-25　萱田小通信（平成17年1月14日、臨時号）

萱田小通信　平成17年3月1日　八千代市立萱田小学校

校舎増築工事も着実に進み、完成が間近です。仮囲いがはずされ、真新しい校舎がまぶしく光り、子ども達の感心をひいています。新年度の楽しみが膨らむところです。

それに合わせるように、図書室の移動による読書環境整備のために活躍するボランティア活動が活発です。一月に保護者の皆様にボランティア活動をお願いしたところ、七十余名の保護者の皆様に参加いただくことになりました。その後の活動では、蔵書の確認から傷んだ本の修繕まで、予想を越える進捗状況で、その活気とエネルギーは目を見張るほどです。

子どもにとって読書活動は、ことばを学び、感性を磨き、表現力や創造力を豊かにする。学力と豊かな心を育むために必要とされながら、一方においては読書離れが指摘されています。

学校教育では、特に低学年での読み聞かせや音読練習の奨励、また中・高学年は、調べ学習等を通して読書活動の充実を図っておりますが、今後一層の充実を図ることをめざしています。そのためにも、このボランティア活動に期待するところが大きく、またこのような活動をとおして保護者との一体感が育てられること願っています。

そして今後の課題としては、蔵書の整備活動から、蔵書を増やすことや管理体制を整備するためのパソコン等管理機器やソフトの導入を進めていくことが必要と考えております。そして、このことを進めるためには、現在のボランティア活動に加え、PTAや地域の皆様のご支援とご協力が一層効果をあげるものと考えます。

ポルピィ活動やふれあいランド友の会の活動、アトラの会の活動に加え、読書環境の整備を通しても学校と地域やPTAとの一体となった活動を期待しております。

3月主な行事

日	曜	行事内容
2	水	市教研日課（下校13：10）
4	金	6年生を送る会 萱田中生徒奉仕活動 みどり号
9	水	委員会活動
10	木	6年短縮日課(下校13：50)
11	金	6年短縮日課(下校13：50)
14	月	6年短縮日課(下校13：50) 萱田中卒業式
15	火	6年短縮日課(下校13：50)
16	水	6年短縮日課　卒業証書授与式 前日準備(下校13：30　5年15：25)
17	木	卒業証書授与式 （下校1～4年8：50 5年11：50　）
18	金	給食終了　　みどり号 短縮日課（下校13：50）
22	火	短縮日課（下校11：30） 萱中1日入学
23	水	短縮日課（下校11：30）
24	木	修了式　（下校11：30）
31	木	離任式

児童用図書を探しています．

返し忘れた学校図書がご家庭で眠っていませんか。

図書室の蔵書を点検しておりますが、返却が終わっていない図書があります。在校児童に限らず、既に卒業されたお子様が、以前借りたまま忘れられている図書がありましたら学校へお届けください。

また、図書の修繕とともに、修繕では対応できないほど傷んだ図書を廃棄したため、本棚に多少の余裕ができました。保護者や地域の皆様で既に読まなくなった児童用図書、特に「児童推薦図書」や嘗ての「課題図書」等で、今後の活用に耐えられる体裁の本をご寄贈いただければ幸いです。なお、活用に耐えられる本の体裁の目安として、背表紙を含め表紙が整い、落書き等がない本です。背表紙や表紙が傷んでいる本は修繕が困難ですので、活用できません。

なお、ご寄贈いただける場合は、直接学校にお持ちいただくか、電話連絡をいただければ受け取りにうかがいます。

図2-26　萱田小通信（平成17年3月1日号）

本が並び、コーナーには図書委員による「おすすめの本」が書店のようにポップをつけて紹介されています。校長先生の働きかけで、読書指導員の先生も週に2回学校に来られるようになりました。学級文庫に力をいれるクラスもあれば、ブックウォーク（「宣言書」「読書カード」「認定書」の3枚のカードによって、一定の時間、自由な方法で読書する内容・方法を決め、読書への意欲を高め、子どもたちに本を読ませる取り組み。詳細は、井上、2005を参照）を夏休みの宿題に出す学年もあります。1年前に比べると、本を読むことが楽しいことも、本を読むことが大切なことも、萱田小の子どもたちは知っています。それでも、もしこんなにぎやかで活気あふれた学校のどこかに、今日も自分だけ取り残されていると感じている子がいるなら、私はその子のために本を読んであげたいと思います。そしてできることなら、限られた時間では読んであげることのできない、でも読むことでしか得ることのできない大切なことが書かれてある本の存在を、多くの子どもたちに知ってもらいたいと心ひそかに願っています。

世の中には数多くの本があります。中でも子どもの成長を信じて、子どもの未来のために真剣なまなざしで書かれた本は、時代を問わず子どもを悪から遠ざけ、より善の方向へと導く一番わかりやすい道標だと、私は自身の経験を通して感じています。この原稿を執筆中、偶然にも市内の図書館で『子どもの本は世界の架け橋』（レップマン、2002）というタイトルの本に目がとまりました。本稿のタイトルとあまりにも似ているので、少し戸惑いを覚えながら手に取り、家に帰って読み始めました。読み進めるほどに、私の心は驚きと感動で震えました。そこには、第二次世界大戦直後の疲弊したドイツ社会にあって、懸命に生きる子どもたちの未来のためには本が必要だと強く確信する女性の姿がありました。子どもと本のために心血を注ぎ、のちに国際児童図書評議会（IBBY）を創設した著者イエラ・レップマン。彼女のまっすぐな思いが、一行のむだもなく私の心に飛び込んできました。私は、自分が10歳から15歳まで受けたドイツでの教育（ナチスドイツ時代の歴史の反省も含めて）や、当時の首都ボンに集まった、世界の国々からやってきている子どもたちとの交流で、世の中には人種差別、宗教の違い、貧富の差、さまざまな境遇の違いがたしかに存在することを肌で感じたこと、自分の父がレップマンと同様ジャーナリストであり、ドイツを専門分野とする本の書き手でもあることが一本の線となってつながりました。さらに、ドイツから帰国して四半世紀もの歳月を経た今、子どもの通う小学校で多くの方を巻き込みながらささやかながら成し得た出来事で、その線が現実味を帯びたたしかな道筋となってレップマンの思いにより近づけたと実感しています。

私はドイツにいた頃、現地のギムナジウムの勉強についていくために、常に言葉の問題に直面しながら5年間を過ごしました。また、異国の地で日本語を忘れないための最低限の読書として、当時は手に入れることがそう簡単ではなかった岩波少年文庫を父に薦められて読んだ覚えがあります。感慨深いのは、私自身が子どもの頃にも、大人によって本を読まれ、本を手渡されている事実です。

子どもの本は世界の架け橋

“Die Kinderbuchbrücke”は「子どもの本は世界の架け橋」の原書のタイトルです。直訳すると「子どもの本の架け橋」となります。私がこの本に出会う前につけた、自分の原稿のタイトルとほぼ一致していることは、偶然であり必然であったのかもしれません。「架け橋」というキーワードが「架け橋」となって、このすばらしい本にめぐり会えた奇遇を大切にし、これからも子どもと本をつなぐために自分には何ができるのかを、じっくり考えていきたいと思います。

6　地域の中核としての学校図書館

岸　裕司（千葉県習志野市秋津コミュニティ顧問・学校と地域の融合教育研究会副会長）

私は広告デザイン会社を経営しています。その経営で学んだ最大の発想法は、私の会社と取引先の双方が応分のメリットを得る「Ｗｉｎ＆Ｗｉｎ」です。つまり、一人勝ちは×（ペケ）との考え方です。

このＷｉｎ＆Ｗｉｎを私は「融合の発想」と名づけ、何にでも適用しています。たとえば、学校の授業を地域社会の大人との協働へと適用すると「学社融合」といいます。

1．学校がもっている3つの機能を活かした「スクール・コミュニティ」

私が居住する習志野市秋津地区（人口約7700人）と、わが子が通った市立秋津小学校（石井和生校長、児童数352人）では、どこの学校でも本来もっている次の3つの機能を地域と協働・共用・開放・共有することで、学校を拠点とした生涯学習のまち育てを推進しています。

第一は、学ぶ機能の協働です。学校のもつ学ぶ機能を、校区の大人もともに学び合うように改変することにより、授業内容が充実し、なおかつ大人の生涯学習も果たせるようになります。

秋津小では、従来は学校だけの運動会を「地域と融合した合同運動会」に変えたり、大人と協働する「クラブ活動」の導入、校庭の手作り田んぼでの稲作を地域の方々と行なうなど、年間を通して26の授業の協働、すなわち「学社融合」でのプログラムを実施しています。

第二は、学校施設機能の共用・開放です。開校日の使われていない教室と、年間日数の45％にも及ぶ165日ほどの休校日を、生涯学習や集い憩うコミュニティの活動拠点として開放しています（図2－27）。

秋津小には4つの余裕教室や花壇・陶芸窯を開放した「秋津小学校コミュニティルーム」があります。運営は、教職員の負担を強いないため、利用者住民代表51人の組織「秋津小学校コミュニティルーム運営委員会」が鍵も預かっての自主・自律・自己管理の方法をとっています。この自主運営による行政支出は水道・光熱費以外に年間約3万円です。ここを、40ものさまざまなサークル会員が、年間延べ一万数千人も利用しています。

また、コミュニティルームを利用するサークルが、その学んだ成果を学社融合の授業協働へと還元する事例もたくさん生まれてきています。このことを学校・行政側からみた場合、単なる場所貸しではなくメリットのある施設開放のあり方だといえます。

第三は、子縁《こえん》機能の共有化です。「子縁」とは、学校に集う子どもを介して、親同士はもちろんのこと、子や孫をもたない（または同居していない）大人たちもがかかわる活動を意図的に作り出し、そのかかわりを通して大人同士がなかよくなる縁のことです。この言葉は、単身者や核家族・独居高齢者が増大している現状から、「新しいまち育て」をするための「縁」として、私が創作した造語です。

この3つの学校機能の協働・共用・開放・共有により、日常生活では保護者と教師以外の大人とはふれあう機会がほとんどない核家族の子どもたちが、多くの大人とふれあうことにより、自尊感情を高めたり、コミュニケーション能力を高めたりしています。また、身も心も元気なお年よりを含む生涯学習者を増やし、かつ地域に知

図2-27　子どもたちに休校日の校庭で紙芝居を演じる秋津のおじさんたち

りあいを増やすことで、安全で安心な学校とまちをはぐくむといったメリットが生まれてきています。このようなあり方を、私は「スクール・コミュニティ」とよんでいますが、その詳細は、岸（2005a）をご覧ください。

2. 私と学校図書館とのかかわり

3つの学校機能を地域社会と協働・共用・開放・共有することによりスクール・コミュニティをはぐくむことは、本論の主題である「地域の中核としての学校図書館」づくりにも含みます。

(1) 秋津小学校の学校図書館充実事例①―お父さんたちの図書室づくり―

1994年のことです。余裕教室1室を低学年用の図書室に改造したいと秋津小の図書主任の先生から、生涯学習団体の秋津コミュニティ会長（当時）の私に申し出がありました。そこで、お父さんたちを誘い教室の改造をしたのが「ごろごろとしょしつ」です。お父さんたちはこのように教室を改造しました（図2-28）。

- ・ごろ寝をしたり自由な姿勢で本が読めるように、床全面にカーペットを敷く。
- ・絵本の表紙が「この本を読んで」と誘いかけてくるような「平置き書架」を作る。
- ・お母さんたちの「学校おはなし会」やクラス発表会などにも使える「小舞台」を作る。
- ・小舞台での演技が見やすいように、2段の段差をつけた「観客席」を作る。

・スライドやビデオの鑑賞がしやすいように、暗幕として使える手ぬいのカーテンをつける。
・低学年でもパソコンで本が検索できるように、独自のソフトシステムを導入する。
・学校・保護者・地域の教育力を高めていけるような使い方ができるようにする。
改造後のこの教室は「ごろとしょ」の愛称で親しまれる、もう一つの学校図書館として定着し、活用されています（図２－29）。

図2-28　余裕教室を「ごろごろとしょしつ」に改造中の秋津のお父さんたち

図2-29　改造後の「ごろごろとしょしつ」で読書を楽しむ低学年の子どもたち

図2-30 「学校おはなし会」で演じる地域文庫のお母さん

(2) 秋津小学校の学校図書館充実事例②―お母さんたちの「学校おはなし会」―

秋津小の学社融合プログラムに「学校おはなし会」があります。国語科の授業の一環として全学級が年間3回、小学校6年間の間に全18回のプログラムを受けることができます（図2－30）。

学校おはなし会で子どもたちとふれあうことの価値を、あるお母さんはこう言います。「学校だと義務教育だから、どうしても本が好きじゃない子や好きになるきっかけがなかった子もいるじゃない。でも読み聞かせが終わってその本の集団貸し出しをするとき、そんな子が奪うように借りにきてくれるとうれしいですね」と。さらに「返却時に『おばちゃん、この本、おもしろかったよ！　また紹介してね！』と言われると、もっともっとじょうずになって本好きの秋津っ子をたくさん育てたいと思い、練習にも意欲がでるのよね」と。このように、本好きの子どもだけがやってくる公共図書館や公民館で自由参加の読み聞かせ会と、この学校との違いを、どの方も感じています。

私は、この方たちはたんなる学校ボランティアではなく、学んだ成果を子どもたちに還元しつつ、またみずからも学ぶ、といった「よいこと循環」を実践する新しいかたちの生涯学習者であるととらえています。

(3) 習志野市の学校図書館充実運動—学校図書館に市民の要望で「人」がついた—

ある時、保護者のお母さんが、「時間がある時に本の修理をします」と申し出て、セロハンテープとハサミ持参で学校図書館に通い始めました。一人で作業をしていると、「ボクも修理をした～い！」「わたしも！」と次つぎに子どもたちがやってきて、にぎやかに作業が進むようになりました。

この事実は、「人がいない学校図書館に子どもは寄りつかない」ことを如実に表わしていました。そこで、先生と私たちとで学校図書館に「人」を設置してもらえるように市に要望をしました。

市は1996年度から「読書指導員」の名称で、市の職員として司書教諭や司書有資格者の採用を始め、現在は市内7つの中学校区に各一人を配置しています。一人の読書指導員が小中学校3校から4校を受けもち巡回しながら、図書の整理や読書指導をしています。とはいえ、一人で最大4校を巡廻するのはたいへんです。2004年に「習志野市読書活動推進計画」が策定されたこともあり、私たちは読書指導員の増員を市へ要望しています。

一方、2002年度からは、市立23の小中学校すべてに司書教諭が配置されました。しかし、校長発令のために時間数や仕事の内容がまちまちであり、かつ専任ではなく担任との兼務なので、どうしても図書館業務に専念できないのが現状です。早急に県や市の教育委員会で学校図書館に専念しやすい規定をつくり、「教育委員会発令での専任の司書教諭」としてほしいと願っています。

3．市町村合併時代の今だから、学校図書館の地域開放を

ところで「平成の大合併」は、学校図書館の充実にとってどんな意味があるのでしょうか。

1999年3月末に3232市町村あったのが、2006年4月1日には1820市町村へと統合され、1412もの市町村が減りました。これにより、表向きは図書館のある自治体が増えたことになりました。しかし、実際はもともと図書館のない自治体（すべて町村）が、図書館のある自治体と合併したために、公立図書館のある自治体が数値上増えただけなのです。しかも、子どもやお年よりのような車を使わない人たちは、身近に図書館がない貧弱な読書環境に置かれたままなのです。そんな合併で消滅した1千以上の町村人口は、子どもを含めて2千万人弱です。そして、そのような地域では商売にならないことから書店さえありません。また、合併した1820市町村のうち、720町村には、あいかわらず公立図書館も書店もありません。

さらに、2002年度の「学校週5日制」の完全実施とともに学校図書館の閉館日を増やしたことが、子どもたちの貧弱な読書環境にさらなる拍車をかけたのです。しかも同年から実施の「総合的な学習の時間」では、「自ら課題を見つけ自ら学ぶ」との趣旨から「身近に豊富に本があることを

求める」といった「矛盾した教育改革」を国は実施したことになるのです。

では、この「矛盾した教育改革」を逆手にとって創造に変えられないでしょうか。

4．学校図書館を地域の生涯学習の拠点に

実は、学校図書館は学校図書館法により、学校内への設置が義務づけられています。

私は、学社融合を学び合う全国組織である「学校と地域の融合教育研究会」を通して、学校図書館の地域開放の促進を提案・推進しています。そんな各地の事例を紹介します。

(1) 札幌市の学校図書館の地域開放

札幌市では１９７８年に学校図書館の地域開放を1校から開始して、その後順次開放校を増やし、２００５年10月時点で83校（小学校82、中学1）にまで増やしました。

この通称「札幌方式」は、教育委員会と学校、運営を担うＰＴＡや地域のそれぞれにメリットがあるＷｉｎ＆Ｗｉｎの取り組みです。この取り組みは、教育委員会は保護者や地域の力を得て子どもたちの読書の育成を、学校は放課後でも人のいる温かい学校図書館の実現を図ることができ、保護者らは自分たちの可能なことで学校参画ができるといった三者それぞれにメリットのあるものです。

私は、２００５年11月に札幌市西区八軒西小学校の開放図書館・通称「赤い実図書館」を訪ねま

図2-31 「赤い実図書館」のボランティアのお母さんたち

した。ご案内いただいた開放図書館委員会の市民とＰＴＡ会長、司書資格をもった保護者の方それぞれが、生き生きと開放図書館の意義や魅力を語ってくれました。

入り口付近や室内壁などへの手作りの飾り物が明るくかわいくて、放課後にも読書好きの子どもたちが出入りし、これこそ市民と行政・学校が協働する新しい学校図書館の姿だと感銘を受けました（図２－31）。

(2) 岩手県紫波町の学校図書館を開放した「町民図書館」

紫波町（人口３万４千人）には、町立図書館がありません。そこで学校週５日制が実施される前年の２００１年から、全町立小中学校14校のうちの３校の小中学校図書館を、全土曜日と一部の日曜日の午後には「町民図書館」として開放しました。この３校では、他の学校図書館の本もオンラインで検索し、取り寄せて借りることができ、パソコンやインターネットも無料で利用できるようにしました。それぞれの学校の蔵書の合計は11万冊の規模です。

しかもその運営は、教育委員会が主催して養成した町民の方々が担います。

(3) 栃木県鹿沼市―中学生が小学生や幼児に読み聞かせ―

鹿沼市全域で活発に活動する生涯学習サークル「ＫＬＶ協会（鹿沼図書館ボランティア・通称カリブー）」は、市内の小中学校の読書教育を自分たちの生涯学習の一環として支援しています。

２００３年の北中学校の例では、ＫＬＶの協力を得て小学生への読み聞かせや幼児への人形を使ってのお話の会に取り組みました。練習をつみ本番を迎えた生徒は、食い入るような小学生を前にして「緊張したけれど満足だった」と、興奮した様子で語ります。

また、担当の先生は、「生涯学習サークルとの体験活動で得た喜びが、他の人の喜びにもつながることを生徒たち自身が発見したことは、人としての生き方を考えるうえで大きな収穫だったようです」と話しました。そして、生徒たち自身が、「自分たちの有用感を体験し、少しでも地域に貢献できたという実感は、必ず生きる力として役立つことと思います」と、続けました。

(4) 川崎市―学校図書館と市立図書館の併設―

２００３年6月に開館した川崎市立麻生図書館柿生分館は、市立柿生小学校の学校図書館と併設です。川崎市初の試みとして、校舎の新築時に複合図書館にしました。この複合化により、放課後も休校日も、子どもも大人も図書館が利用できるようになりました。

私を案内してくれた市職員のベテラン司書さんは、「相互に資料の有効活用を図ることで、学校教育と社会教育双方が得をしています」と、複合化のメリットを話してくれました。また、市民と図書館の協働による「おはなし会」や、それに刺激を受けた児童の保護者による「おはなしのくに」の読み聞かせも２００４年度から放課後に開催されるようになりました。

5．生涯学習コミュニティの構築はみんなの知恵で

本来学校は、いつでも誰でもが集い学び合える生涯学習の機能を備えた地域の宝だと思います。ここで紹介した「地域に開かれた学校」「開かれた学校図書館」が、全国どこでもあたりまえの姿になることを私は願っています。その実現には、自治体・学校・市民がいっそう協働することが重要です。

また、特に市民には、自らの学びを「自主・自律・自己管理」で追求する姿勢が必要であると思います。それは、私たち自身が学ぶ主体であり、強制とは対極にあるのが生涯学習である、と私は考えるからです。

3節　本のある暮らしと経験の中で育つ

秋田喜代美（東京大学大学院教授）

本章では、子どもたちが生活し本と出会う場所、本を読み合う場として、家庭、家庭文庫、塾、学校、その中でも教室、学校図書館、保健室、そして地域と融合する学校図書館や公共図書館とい

う空間の広がりに目をむけました。そしてそれらの場で子どもたちと共に一緒に本を開き、手渡し、読み合い、読書環境を作り出している方々に、本と子ども、本を介した子どもと大人の姿や出来事を各々の立場から語っていただきました。

それらの文章を重ね合わせていくことで学んだことを、本節では読書の発達について焦点をしぼって、２つの視座から述べてみたいと思います。第１は、児童期の子どもの読書はどのように発達していき、その発達をうながすために必要なことは何か、そして第２には子どもと読み合うことで大人の側に何が起こるのかという視座です。

1　「本の世界を生きること」への経験の連続性

1. 本をめぐる経験の記憶

「読んではまる」「本のとりこになる」「本にひたる」というような言葉が、本節の中では、さまざまな箇所にでてきます。読書の魅力、醍醐味は、本の世界へ夢中になり没頭していき、その世界を生きられること――これは、読書を経験した人なら誰でも感じることではないでしょうか。チクセントミハイ（２００１）という心理学者は「全人的に行為に没入している時に人が感じる包括的感覚、楽しさ」「行為と意識が融合しているさま」を「フロー」ということばでよんでいます。

子どもが読むことをおぼえ、読むことを好むと、文字の国という第2の世界を発見し征服する。読書の国は神秘に満ちた無限な大陸である。印刷屋のインキからは、あたりまえでは見えない物や人や精神や神々ができあがる。……（中略）わたしは呼吸でもするように読んだ。まるで、読まないと、窒息でもするかのように。危険なほど夢中になった。わかるものも、わからないものも読んだ。「これはおまえにはだめよ。おまえにはわからないわ！」と母は言った。それでもわたしは読んだ。「いったいおとなには、読むものがみんなわかるんだろうか。」とわたしは考えた。今ではわたし自身おとなになって、その問いに専門家として答えることができる。おとなだって何もかもわかるわけではない。もし大人がわかるものだけ読むとしたら、印刷屋や新聞社の植字工は操業短縮しなければならないだろう。（ケストナー、１９８０）

これはケストナーが自伝の中で、自分の小学校低学年の頃のことを書いたくだりです。なんでも片っぱしから読んでしまいたくなったり、「大人は読むものがみなわかるのだろうか」と親の言葉や姿に少し距離をおいて反抗する心もあわせもつ姿が、児童期の子どもの姿をよく現わしているといえるでしょう。しかし、小学校中・高学年でこのようなフロー経験ができる子どもは、現在どれくらいいるでしょうか。

そして大人になってから、ケストナーの本のこの部分を読むと、大人もまたわかって読んでいるのではない、読むこととわかることが等値ではないことにあらためて気づかされます。

では、子どもたちがケストナーのこの姿のように読書ができるようになるには、何が必要なのでしょうか。読書における発達を語る時、どのような能力や技能が必要か、何を読めばよいのかはよく議論されます。文字や文、文章が読める、語彙を知っている、そのお話の背景となることについて知識をもっていることなど、知識や技能がお話の中身をわかるためには必要です。しかし本を読むことや読もうとし続けることと、理解することとは、ケストナーの文章からもわかるようにかならずしも同じではありません。言語知識や読解技能は必要ですが、本を読むことができるように育っていくには、それだけではなく、さらに別に「本をめぐる経験」「本をめぐる出来事の記憶」が必要なことが、本節の執筆者の方々の文章からわかります。

本をみずから選び夢中になって読み続けていけるようになるには、さまざまな形での本をめぐる経験、本を介してのみ結ぶことのできる関係の経験が土壌となります。そのことが、本節での子どもの声や姿からわかるように思います。そしてそこには常に人との絆があることがわかります。つまり、本に没頭する読書ができていくようになるには、子どもの中に、本とのさまざまな「経験」、本をめぐる出来事を通して子どもが感じ取り、考え、行為してきた「経験」とその記憶が積み上げられていくことが必要なのです。

これは読解力テストで計られる知識や技能とは、明らかに違うものです。国語の読解力問題集を解く力とは異なる、読書経験の中でのみ培われる経験の蓄積です。1節1で黒木さんが紹介された小学生の子どもたちの作文や大人へのアンケートの中に、「楽しみだった」「好きだった」「うれしかった」「残念だった」など、本をめぐる出来事の記憶が、その時生起した感情とともに残っていることがわかります。そしてそれがさらなる読書へとつながっていくのです。このような情動的な経験とその出来事をめぐるエピソードの記憶が積もっていくことが、読書の発達に必要なことだと思われます。赤木かん子さん（１９８７）が「あなたが昔読んで好きだった本、なつかしい、だけどほんのタイトルや作者や出版社がわからないので探しようがない――そういう本がありましたら、その本について覚えていることをありったけ書いて送ってください」という「本の探偵」をされていますが、本の記憶がどこかに残っていて、ある日手がかりをもとに思い出したくなることがあるという、それほど読書の記憶は根強いもののように思います。

そしてこれはいわゆるある特定の時間に読書指導法を工夫すれば、身についていくということではなく、子どもが暮らす生活の場に読書がさまざまな経験として埋め込まれていることによって形づくられるものであるといえるでしょう。ですから読書指導法の工夫だけではなく、暮らしの中のさまざまな場所で本とめぐり合える、読書コミュニティの視点をもつことが重要だと思われます。

「活字離れ」とは活字を読まなくなったということだけではなく、本をめぐる出来事の記憶がない、活字と自分との関係が切れてしまうことで、行動だけではなく心が離れることです。黒木さんや山本さんの事例からも、また経験的にもよくいわれていることですが、小学校中・高学年から中学生あたりで、それまで本を読んでもらったり自分で読むのを楽しんでいた子が、一つにはマンガやゲーム、ビデオなどの他のメディアへと関心が流れること、あるいは勉強等で疲れてしまって本を読めなくなってしまうという、精神的な本との断絶があります。読書の質の転換点は乳児期の絵本との出会いから幼児期の絵本の読み聞かせへ、幼児期から児童期初期の本を楽しむ時期から中・高学年から思春期の個人の内面に向かう読書へ、そしてさらにそこから成人期の職業と趣味の読書へといくつかあるように思います。子どもの読書で今考えるべき質の転換は、小学校中・高学年あたりに見られる壁をどのように越えていくのかということにあるように思います。それはただ読み続ければ越えられるというよりも、山本さんが書かれているように、本に目覚めるのはそれぞれに「時」があるともいえますが、そこまでに土壌をつくっていくことの大切さもあると思われます。

壁はどのようにして越えることができるでしょうか。黒木さんは、①本があるか、②案内役の大人がいるか、③本を楽しむ仲間があるか、④本を読む時間があるか、という4つの内実をあげてくださいました。私はそれを「経験の記憶」ということで考えてみたいと思います。本をめぐる出来事の記憶が残っていく経験が、次の読書へと子どもを駆り立てていくと考えられます。幼児期・児童期の本をめぐる経験の質が問われ、この本をめぐる経験の連続により読書への意欲は形づくられ、必要な時に本と向き合っていく力を培っていく素地になるのだと思います。進歩主義の教育を唱えたデューイ（2004）は、『経験と教育』の中で「あらゆる経験が続いて起こる経験の中に生き続けるのである。経験の基礎の上に立つ教育の中心的課題は後続の経験の中に多産的また創造的に生きるようなそういう種類の現在の経験を選択することにあるのである」と述べ、「経験の連続性」の重要性を指摘しています。子どもの読書においても、経験の連続性が保証されるような、本をめぐるさまざまな経験が有意味といえるでしょう。本章のどの文章の中にも表われているのは、日常のいろいろな場で培われた本との出会いです。この本をめぐる経験とは具体的にどのようなものであるかを本章で取り上げた具体的姿に沿って整理して考えたいと思います。

2. 読書をめぐる多様な経験――絆によって育つ――

(1) 本のある場に居ることから出会いへ

まずは、本のある場に居る、つまり場への参加と共有です。1節4の岸さんの家庭文庫の事例にあるように、まずはその場に遊びに来ているうちに本に興味関心をもっていく、2節4の片桐さんが書かれているように、学校図書館の壁面を一緒につくったりと、いろいろな子が本のある場に来て参加し、本と何かかかわりのあることをしているうちに、本へと目がひきつけられ、本との出会いが始まるという経験です。そこで出会う本は偶然の出会い、たまたま目についたものから選ばれる場合もあるでしょう。本にこだわり意識して選ぶということではありません。しかしそこから本との出会いの連鎖が始まることがわかります。みずから選ぶ経験の前に、大人が準備した本のある場に子どもが来ることから、その場になじみいろいろな出会いの経験が始まるといえるでしょう。本のある場所は磁場のようであり、子どもたちはその磁力にひかれてしだいにその世界に入っていくことができます。読書というと本や読む行為が中心に語られがちですし、読むことはいつでもどこでもできます。けれども、本のある場に子どもがなじむこと、本との居場所をみつけられることが、読書への基礎になるのではないでしょうか。それは家庭の中でもある特定の場所であったり、文庫や学校図書館、公共図書館であったり、そして保健室であったりするのです。

(2) 声のスキンシップから本の世界を生きる表現へ

そしてお母さんやお父さんに読み聞かせてもらう経験、教室で先生に読み聞かせてもらう経験、図書館や学校でのお話会など、さまざまな本の世界を他者の読み声で聴く経験があります。2節5で、「先生の声を命で感じた」という内野さんが「声のスキンシップ」と表わされているように、読み手とのつながりの中で、本の描き出す世界に入っていく経験です。そしてそれは聴いて終わるのではなく、くり返しの中で余韻となって残り、自分一人で何度もその本をくり返し見る経験にもつながります。

黒木さんの紹介された子どもたちの作文の一つに上田聡美さんの作文があり、そして1節3に聡美さんのお父さんの上田岳さんの文章があります。その二つをつないで読むととても興味深いことに気がつきます。それは、本を通して親子それぞれが共通の読み聞かせの思い出を語っていることです。『ゆかいなかえる』をくり返し読むという経験の積み重ねをめぐる記憶が、親子のそれぞれにとって思い出深い出来事の記憶として、このお二人それぞれが別に書いた文章の中に現われているのは印象的です。一回一回の読み聞かせと同時に、そのくり返し経験の積み重ねがかけがえのない出来事の記憶となって残っていくことがわかります。

上田さんが書かれているように、大人に読んでもらうことで、自分でも同じ本を読んだり見たりすることが子どもの中に生まれます。また片桐さんの文章にあるように、大人に読んでもらう経験が、今度は自分たちで読み聞かせごっこをする経験をも生み出していきます。この経験は一対一の人間関係の中でだけ生まれるのではないことを、2節3で於保さんが紹介されたY君の姿に見ることができます。校長先生が体育館で全校児童の前でしてくれた読み聞かせ、それがY君の心の中に印象深く残り、先生ががんで亡くなられた後も先生が読み聞かせてくれた姿を思い出し、『くまのこうちょうせんせい』の絵本の内容でその思い出を演じ再現しています。また1節2で山本さんが書かれているように、親となった時に自分がしてもらった読み聞かせを思い出し、子どもにしていくというように世代間伝承までが生まれてくるのだと思います。それほど声で伝える経験がもつ意味は重いといえるでしょう。そして黒木さんの作文紹介の中で尾崎さんが書かれているように、声に出して音読するという経験、人に聞いてもらう心地よさもはぐくまれていくのだと思います。

「著者の声」である言葉を声で聴く経験の中で、子どもたちが、本の中にある言葉と出会うこと、そしてその言葉を覚え、言葉を自分のものにしていくという経験の大切さは山本さんや上田さんのお子さん、岸さんの家庭文庫での事例のＦちゃんの姿にも現われています。セリフや特定の部分を覚えたり、本一冊を覚えてしまう姿の中には、本がもつ言葉の力を感じます。また、それが子どもにとって内面の言葉になっていくのだと考えられます。ストーリーを楽しむ経験だけではなく、特定の場面、特定の言葉が読み手の心の中にとどまっていくこと、そしてその言葉が読み手の中で読み手の声で生きていくという経験が読書の中にはあるのです。於保さんのＫ君、山本さんの「やしの木」の役を演じられたお子さんの事例からは、子どもが本の中のある言葉や役柄にふれて、まさにそれに同化していくことがわかります。声に出して言葉をなぞり、言葉をかたどっていくことを通して、自分の言葉や心が形づくられていきます。本の世界に入り込み、本の世界を身体で感じ取っていく経験が大事なことがわかります。読み聞かせの重要性は読み手と聞き手の一体感や楽しさとして語られることが多いのですが、それだけではなく、読み聞かせの魅力を子ども自身が取り込んで、自分もまた、読み手になろうとすることです。本の言葉を取り入れて自分なりに語ったりします。聞いた内容を自分の声で読み直すことで、本の世界にひたっていく経験の入り口にもなっているといえるでしょう。

(3) 語ることからともに本を楽しむ仲間意識へ

家庭での読み合いと語り合いだけではなく、授業の中で学級の仲間という同年代の中で語り合う経験もまた、読書においてとても貴重な経験となっていることが、2節1の濱野さんや2節2の飯嶋さんの事例からよくわかります。小学校中学年の心の内側に向けての読書の成立のためには、教師や親、地域の人という大人の力と同時に、仲間の力が大きいことがわかります。飯嶋さんの事例からは集団で読書へのアニマシオンを続けていくと、自由読書をすることへつながっていくことがわかります。また濱野さんが紹介された文恵の姿は、同じ作品を授業という場で友だちと語り合うことで、本の中の言葉と出会い、同時に、クラスの友だちとも出会っていく姿が描き出されています。本について彼女が語ろうとしたことをみなで聴こうとした経験が文恵の以後のクラスでの関係性を変えていったことがわかります。そしてクラス全体が斎藤隆介さんの世界へとつながっていきます。友だち同士がつながることで、作品間をつなぐ著者の思想や類似性に気づいていったり、友だちと自分の読みの違いにも気づきます。自分がどう思ったかだけではなく、「○○くんだったらどう思うかな」と、本を読む仲間の思いについても考える姿勢の変化は、むずかしい本が読めるようになる、たくさん読めるようになるといったこととは質の異なる、読書の発達の一側面だと思います。

中学年は仲間の横のつながりが密になっていく時期です。この力をどのように読書にも生かしていくかが重要な鍵となります。

(4) 作家やシリーズでの本選びによる出会いの連鎖から選ぶ楽しみへ

『おさるのジョージとしょかんへいく』（レイ、２００６）という絵本があります。初めて図書館に行ったジョージは何冊も借りたくてブックトラックに本を次々選んでは積み上げてしまうという場面がでてきます。私は小学校で、一年生が初めて学校図書館を訪れた日に学校で参観をさせていただいたことがあります。とうてい読めないと思えるたくさんの本を、あれもこれもと自分の本として持つことに喜びを感じる子どもの姿を見ました。これはジョージの姿と、とてもよく似ています。読書の発達には、物体としての本を持つことのうれしさから、本の中身を選ぶこと、お気に入りの本を見つけることへと、本選びが変化し、作家やシリーズで選ぶ経験ができるようになっていく姿が見られます。ある特定の場面での言葉や絵の力、作品の力、そして作家の力へと楽しみのレパートリーは広がっていきます。つまり一冊の本ではなく作家やシリーズという一連のつながりによって、予測しながら読んだり、本と本の関連をつなぎながら楽しめる読書へと変化していくのです。上田さんのご家族が図書館で、また浜野さんが教室で行なったように、シリーズや同じ作家に出会っていく経験を大人が与えることで、子どもはその世界を楽しみ始め、今度はみずからそのシリーズや

おさるのジョージとしょかんへいく

作家の世界を探索するようになるのです。１節１の作文の中で、リンドグレーンがお薦めという上田さん、まどみちおが好きという中山君、「おかあさんにもっと本を紹介したいと思って読んでいます」という八十河さんのように、今度は子どもが探索して選び、親や友だちに紹介したくなっていくのだと思います。自分が本のおもしろさを見出し伝えることの楽しさは、大人側から与えられてつくられてきた読書による絆を、今度は子どもみずからがつくり出していっている姿だといえるでしょう。

(5) 読むことから本や読書経験を書くこと・語ることへ

１節１で小学四年生の安久津さんが「四年生になってから、自分で本を書くようになりました。今も自分で本を書いています。本は、自分の空想をみんなに知らせる手紙です。ぜひ、自分で本を作ってみてください」と書いているように、本を読むだけではなく、今度は本の一部の言葉だけではなく、本まるごとを書く営みも取り込んでいます。パウルームの子どもたちに見られるように、自分の読書そのものを語ることができるようになることも、また本を読むだけからの発達のようにも思います。そして自分の読書をふり返りながら次の読書へとつなげていけているように思います。

「本を読まなければならないことへの抗議」というタイトルを途中でつけて悩んだ小学四年の田村君の姿には、自分の読書への意味の問い直しがあるように思います。「としょかんではお話会がぼくはいちばんすきでした。昔はよく母に本を読んでもらったものです。でも今はそれとはぎゃくで読んでもらいなんかしませんし、学校の図書室ではまともな本も読めません。なので本のことがきらいになってしまうのです」という言葉には、この中学年の発達の姿が正直に現われているように思います。忙しいことやいろいろな遊びにつられることと同時に、もう一つ大人が求めてきた読書から、自分の読書のあり方を模索しようとすることへという質の転換がおきていることがこの時期の読書のむずかしさなのかもしれないと思います。しかしそれだけ読書を対象化し、自分の世界を見つめている子どもの内面の育ちがあります。自分の思う大人っぽい読書と学校図書館にある本や本をめぐって行なわれる行為とのギャップ、そこに向き合っていく時間のなさや気を散らす要因がそこにあるでしょう。

本とともに自分の読書について物語れるようになっていくことは、読書をめぐる発達であると思います。

以上、(1)～(5)まで、読書をめぐるさまざまな経験を述べてきました。この章に紹介されたすべての姿を整理するのではなく、大きな特徴をまとめたにすぎません。しかし読書をめぐるこれらの経験を含めて、子どもの読書の発達とよべるのではないかと思われます。直線型に読む量が増えたり、読める難易度が増加するということではなく、時には読む行為の断絶が生まれたりしながら、暮らしの中での経験の連鎖、連続性によって読書の質が転換していくことが、読書の発達の姿の中にあるのではないでしょうか。そしてそれを理解しつきあいながら，大人もサポートをしていくことが重要であると思われます。今度はその大人の側の経験を見てみたいと思います。

2　子どもとともに本を読む大人の生涯発達

1.「私の子どもへ読んであげる」ことから「市民としての読書コミュニティづくり」へ

読み聞かせの引き継ぎという読書文化の世代間伝承だけではなく，黒木さんの調査にもあるように，自分は読み聞かせはしてもらった経験はないけれど子どもに始めたという保護者の方も多く，この私たちと同年代の親の世代が新たにつくり出している読み聞かせの文化があるように思います。そして，親子の読み聞かせの出来事の記憶を親の方もまた子どもとのかかわりの楽しさとして得ていることがわかります。山本さんが書かれているように「物としての本を与えるのではなく，本を通して家族としての思いを子どもたちに与えたい」との思いを多くの人がもっているのだと思います。しかし一方で，低学年への読み聞かせから先の読書へどのように橋渡しをしたらよいのかということを親もまた案じていることもわかります。

山本さんの事例からは，学童期になりただ楽しい本だけではなく，親子でさまざまな主題が本を介することで語り合われていく可能性も見えてきます。また上田さんのように、図書館から本を借りたりパンフレットを活用したりと、大人が図書館の使い手になることで、子どもと本や本がある場をつないでいくというかかわりも見えてきます。

また家庭でという視点から、家庭を解放して地域の子どもたちへという思いをもつ大人たちのつながる姿もあります。わが子との二者関係から、さらに他者を含み込む三者関係、多者関係への展開といえます。親子の私的世界での楽しみから、読書の公共圏の形成へと、親も子どもの発達とともに変化していくともいえるでしょう。家庭文庫活動は日本が世界に誇れる、歴史と伝統をもった読書推進活動だと思いますが、このかかわりによって、わが子だけではなく、地域の子どもとの本を介した交流が生まれていく姿が岸さんの文章から読み取れます。

また2節5の内野さんの事例からは、読んであげたいという思いから、図書ボランティアとして図書室の読書環境を見直していく黒衣の仕事を引き受けることで、読ませてあげたいという形で、さらに読書への視野の広がりが見えてきます。そして2節6の岸祐司さんの事例のように学校図書館を地域の中核として、本と子どもだけではなく、お父さんたちを引き寄せたり、お母さんのお話会を組織し、さらに他の地域でも学校図書館の地域開放による学社融合へと射程を広げた姿も見られます。岸さんは、これらの人々を、「学んだ成果を子どもたちに還元しつつ、またみずからも学ぶ、といった『よいこと循環』の生涯学習者である」と述べています。

「子縁機能」と岸さんがよばれるように、子どもと本を介して、地域の大人がさまざまな立場で、子どもと本について考えつながり合っていくネットワーク、それは子どもの読書について大人が思い描く読書の育ちというビジョンに向けて、絆がつむがれる読書コミュニティだといえるでしょう。そしてその中で親は親であるだけではなく、子どもと読書を通して、地域に生きる市民としての責任をさまざまな形で引き受けているともいえます。

2.「教えることの専門家」から「学び楽しみ合う専門家」へ

この地域の読書の場として、児童期にすべての子どもにとって中核となるのが、学校といえるでしょう。読書が好きな子どもだけではなく、読書経験の少ない子にさまざまな機会を与えることができるのが、学校にかかわる教職員であり、それをサポートするのがさまざまなボランテイアの方たちといえます。濱野さんの実践からは、教室の子どもたちだけではなく、文恵さんの例のように学校での読書の様子を母親に伝えることで父親もまじえた家庭の会話を生み出したり、飯嶋さんや片桐さんがされたように、子どもと教職員間を読書や本でつないでいく役割を果たしていることがわかります。

この意味で大人は教える人、読んであげる人というだけではなく、さまざまな読書リソースをつなぐ役割をそこでは果たしています。子どもと本の関係には、大人を巻き込んでいく力があるように思われます。エンパワーメントという言葉は、その人のすでにもっている力を引き出すという意味がありますが、本にかかわる専門家はさまざまな人の力をつなぐことで相乗的に働く、読書の磁場をつくっているといえるでしょう。それは指導の関係ではなく、楽しみの中で育ち合う互恵的関係です。岸裕司さんが子縁機能による協働・共用・開放・共有と書かれていますが、読書を中心とした公共圏に地域の人が参加し、子どもだけでなく大人たちもまた新たな発見を読書をめぐる出来事の経験の連続性の中で楽しんで発達していくといえるでしょう。『「まち育て」を育む』を書かれた延藤安弘さん（２００１）が、市民主体の町育てには三つのレベルでの意味のデザインをすることができると述べています。「空間造形レベル（機能に即した空間ではなく、意味を創発する場所作りを意味する）」「生活造形レベル（いかなる生き方、暮らし方をめざすかの価値志向をふくらませるかを意味する）」「自己造形レベル（参画プロセスの中で主体間の多様な応答を通して自我を自己に変形成長させていくことを意味する）」です。読書においても、読書の場、読書のあり方、そして読書する私を、子どもも大人もともに対話する中でつくり上げていくことで、読書コミュニティができていくのではないかと考えられます。三層での意味のデザインを読書においてどのようにつくり出していくのか、これを家庭と学校だけではなく、場をさらにひろげ、次の３章でさらに考えてみたいと思います。

3章 書き手のいる場

1節 読者へ届く本づくり

長谷総明（くもん出版編集部児童書チームリーダー）

1. 子どもたちに聞く

私がおります出版社では、現在、児童書・絵本を企画し編集する際、絵本ならば、家庭や保育園、幼稚園などで読み聞かせをしていただき、読み物ならば、対象学齢の子どもたちに読んでもらうようにしています。

保育園や幼稚園での読み聞かせの際は、その場に、作者あるいは翻訳者と立ち合わせてもらい、子どもたちの様子を観察します。その後、読んでいただいた保育士さんからの感想を聞かせてもらいます。

小学生以上の読み物の場合、すべての作品とまではいかないのですが、あまり負担のかからない中短編程度の作品を、なるべく読んでもらうようにしています。感想に交え、内容がむずかしくないか、わかりにくかった箇所はないか、読者レベルはどのくらいかなど、簡単なアンケートで尋ねています。

児童書以外の出版物、特に幼児用のドリルやオリジナル教具、学習参考書などについては、制作するにあたり必ず学習効果や内容の検証をすることになっています。しかし、児童書に関しては、以前は企画段階や出版前に対象読者に読み聞かせたり、読んでもらったりして、その作品が読者に受け入れられやすい内容であるかどうかの確認はしていませんでした。私はおもに小学生から中学生向きの読み物を担当してきましたが、書き手はだいたいが子どもの本の作家、児童文学者でしたから、作品の内容についてはこれまでの本づくりの経験をもとに、作者との間で内容や構成について話し合い、推敲を重ね作品を完成させ、社内で了承されれば出版するという編集制作のしかたでした。絵本に関しても基本的にはこの形態をとってきました。

2. 一冊の絵本

しかし、児童書の編集担当者がこれでよしとした内容でも、他の部署（編集部以外）からは内容に関して質問や疑問、問題点などがしばしば指摘されます。

私は2001年に『トリフのクリスマス』（アンナ・カリー作／松波史子訳、くもん出版）という翻訳

トリフのクリスマス

絵本の出版企画を提出しました。クリスマスプレゼントにフラフープを頼んだこねずみのトリフが、きょうだいみんなで使える毛布に変えてほしいと、サンタクロースに会いに出かける健気なお話です。この絵本を編集する際に私は初めて、保育園で読み聞かせをしてもらい、子どもたちの反応や保育士さんの感想や翻訳の言葉遣いについて尋ね、その結果を編集に活かしながら制作するということをしました。

そのきっかけは、企画会議の席上での、「主人公のキャラクターがあまりかわいいとは思えない」「ストーリーにあまり起伏がなくドラマチックとはいえない」という消極的な意見が出たからです。私には十分楽しめる絵本だという思いがあったので、この意見は意外でした。そこで私たちの感想よりも読者である子どもたちに直接感想を聞いてみることにしたのです。それが納得のいく一番いい方法だと思いました。そこで、読書運動家であり評論家である高山智津子先生から尼崎の「おさなご保育園」を紹介していただき、園長の徳永満理先生に園児の子どもたちへの読み聞かせと感想をお願いしました。

3. 子どもたちの反応――保育園での読み聞かせ――

原書の欧文の箇所に日本語訳を貼った見本を送ると，徳永先生はさっそく，4，5歳児に読み聞かせをしてくださり，次のようなお便りをくださいました。

子どもたちはすぐに絵本の世界に入って，耳をすましながら絵に魅入っていました。トリフの冒険場面は，ハラハラドキドキしながら見ているのが手にとるようにつたわってきます。トリフが，サンタさんの手のひらの上に乗っている場面にくると，肩の力がすっと抜けていく子どもたちの表情は，ほんわかとしてとってもいい顔をしていました。

トリフのキャラクターについて，保育士さんからは「あまりリアルなねずみでもなく，かわいい」「表情がいい。子ねずみの目線と指先，しっぽになんともいえない表情があって，笑みがこぼれます」という感想が寄せられました。

このような保育現場の反応や感想を得て，『トリフのクリスマス』の刊行が決まりました。邦訳の文章については，保育園でのアドバイスをいただきながら，訳者と推敲を重ね完成させていきました。現在も，毎年クリスマス時期になると本書は版を重ねています。

4．認識絵本の読み聞かせを通して

「ネリーとセザールのちいさなおはなし」（イングリット・ゴドン絵／のざかえつこ文、くもん出版）という4冊の認識絵本シリーズを、2002年に刊行した時のことです。原書はベルギーの出版社のもので、一貫したストーリーはありませんが、ネリー（ねずみ）とセザール（かえる）が、ページをめくるごとにいろいろな動作を見せて、幼い子どもに言葉や感覚を認識してもらうというものでした。

今度は、東京・世田谷にある「小羊園」という幼稚園で読み聞かせをしていただきました。小羊園は、開設以来ハンディのある子と健常児との統合保育をしている幼稚園でした。読み聞かせの時間に翻訳者とともに立ち合わせてもらい、原著に日本語訳を貼った見本を読み聞かせてもらいました。読後いただいたアドバイスを、企画や造本（本の大きさ・紙質など）、邦訳に活かし、約半年後に刊行することができました。

できあがった絵本を園に寄贈すると、さっそく子どもたちに読み聞かせをしてくれました。以前読んでもらったことのある本を子どもた

ネリーとセザールのちいさなおはなし

ちは覚えていて、とても喜んでくれました。
自閉症傾向のある4歳の男の子がとても喜んだので、保育士さんがお母さんに「家で読んでみてください」と手渡したそうです。すると、園を通じてお母さんから、次のようなお便りをいただきました。

本やテレビ、ビデオは、ストーリーが理解できないため、楽しむことが今まで少なかったけれど、この絵本は大好きになり、親子で楽しむことができました。自分で何度もくり返して見て、楽しんでいるうちに私のところに「読んで！」ともってくるようになりました。読む回数が増えるにつれ、内容が分かるようになり今は一人で字をおって読むようになりました。

絵本を制作する過程で協力していただいた読者からの、とてもうれしい手ごたえでした。

5．子どもと大人が共有できる児童書を

私はこの10年ほどの間に、小学校高学年からの読み物として生と死をテーマにした『またね』（大谷美和子作／岡田まりゑ絵、くもん出版）『ひかりの季節に』（大谷美和子作／中村悦子絵、くもん出版）『わが家』（大谷美和子作／内田真理絵、くもん出版）という三冊の本の編集を担当してきました。これらの

またね

ひかりの季節に

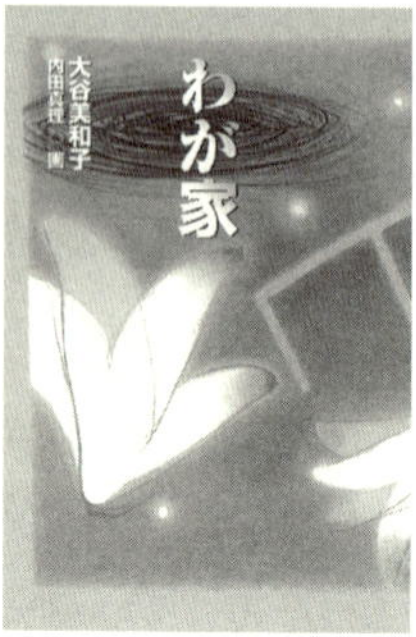

わが家

本は、大人にもぜひ読んでもらいたいという思いが強く、本の帯には「大人と子どもが共有する新しい児童文学」というコピーを載せています。

「なぜ死ぬのに生きなければならないの?」と発せられる子どもの質問に、大人は真摯にこたえなければならないと思います。しかし、大人である私たちは、自分自身にも子どもたちにも、「死」をとりあえず棚上げにして、考えずに生きているのが現状のような気がします。死の意味を知らなければ、生の意義も理解できず、本当に「生」を生ききれないと思います。このような思いを共有できた作家に書いていただいた作品です。

数年前に、首都圏の小学校2校の高学年児童を対象に「人が死んだらどうなりますか」というアンケートが行なわれました。全体の三分の一の生徒が「また生き返る」と答え、正しく死を認識した答えと、「わからない」という答えが残りを二分しました。また、長崎の小学校で先生が同じ質問をすると、32人中28人が「生き返る」に手を挙げたのをテレビで見て驚きました。

6．デスエデュケーションの絵本を通して

そんな折、ボローニャの国際児童図書展で『レアの星』という絵本を見つけました。オランダ語で書かれていましたが、オリジナルはフランス語版とのこと。とてもかわいらしい本でしたので、思わず手をのばしました。しかし、内容は、小学校1、2年生くらいの主人公ロビンの同級生レアという女の子が、小児がんで亡くなるまでを、ロビンがどのように支え、その死を受容していくかを物語るものでした。

レアの星

これまで死を扱った絵本には、『わすれられないおくりもの』（スーザン・バーレイ作絵／小川仁央訳、評論社）『ずーっとずっとだいすきだよ』（ハンス・ウィルヘルム作絵／久山太市訳、評論社）などの定評ある絵本はありました。しかし、死にゆくものは動物やお年寄りが多く、『レアの星』のように身近な友だちの死をえがいた絵本はほとんどありませんでした。

原書に日本語の直訳を付した見本を企画会議に提出しました。絵本の形態ということもあり、低年齢向けには「テーマが重

い」「絵本でこの種のものを出すべきかどうか」「子どもに〈がん＝死〉とも受け取られかねない内容だ」など、いろいろな意見が出ました。たしかに、オランダ語で書かれたドライでストレートな文章（テキスト）は、日本の社会状況から考えると違和感がありました。しかし『レアの星』は、子どもが進んで読むというより、大人から子どもに手渡してほしい本であると思いましたので、まず識者にこの本の感想や意見を聞いてみることにしました。併行して、フランス語版のテキストを確認することも始めました。

(1) 読み聞かせボランティアに聞く

世田谷区内の図書館や児童館、小学校で定期的に読み聞かせをしているボランティアグループの代表の女性に読んでいただきました。

「今は子どもにとって、とてもきびしい時代です。だから、せめて子ども時代には、せいいっぱい楽しいお話の世界を味わってもらおうと思っています。『レアの星』のような絵本はあっていいと思いますが、私たちが読み聞かせをする絵本ではありません。この種の本は子どもたちが大きくなってから読み物として読んでもらいたいと思います」という感想をいただきました。

(2) ソーシャルワーカーに聞く

同じく世田谷区内で、不登校の子どもたちに読み聞かせをしたり、勉強などをみているソーシャルワーカーのグループの4人の女性に読んでもらいました。

「イラストがかわいいので、思わず読み出すでしょう。しかし、友だちが一直線に死に向かっていくような今の内容に驚いてしまう。日常でいろいろ傷ついている子どもたちにショックを与えるようなものは薦められませんね」と言われました。

(3) 評論家・読書推進活動家に聞く

以上2つのグループは、絵本を子どもに手渡すスタンスの違いから、「死」をテーマにした絵本を与えるということには否定的でした。しかし「あまりにも大人は子どもたちから死を遠ざけすぎている。子どもは死に対して無防備な状態。子どもたちもいろんな形で死に直面する時がくるはず。そんな時、この本を思い出して、現実を受容していけるのではないかと思う」という感想を北海道在住の児童文学の評論家からいただきました。また、司書教諭を長年養成してきた読書推進活動家からは、「死は、テレビやゲームで見慣れてはいるけれど、現実の自分にとってどうかかわりがあるか、感じられなくなっている。こういうリアルなものもあっていいと思う」という積極的な意見をいただきました。

(4) 緩和ケア現場の看護師

私は、確実にこのような絵本を必要としている場や人たちがあるのではないかと調べました。知人から日本ホスピス・在宅ケア研究会の存在を知らされ、タイミングよく福岡での全国大会に参加することができました。ホスピスの現場で活動されている著名な方の講演や対談があり、テーマごとに分かれた部会では、子どもや伴侶を失った方やがん体験者、その方々をケアする看護師やボランティア、難病の子どもたちをケアしている介護士、ホスピス医などさまざまな立場の人たちのレポートや体験のわかち合いがありました。その中で、群馬県から来ていた看護師さんと知り合いになりました。一般病棟の緩和ケアをしながら、週に1回、ボランティアで小学校に読み聞かせに行っているとのことでした。子どもたちに命を大切にしてほしいという思いが強く、死をテーマにした絵本・生きていることを感じられる絵本を選ぶことが多いと言われました。『レアの星』も読んでもらうことになりました。

そのころにはフランス語版からの試訳があがっており、これを読むとオランダ語版は、明らかにフランス語版を書き換えていることがわかりました。おそらく、学校などの教育現場で「デス・エデュケーション」のテキストとして用いるためなのではないかと類推されます。オランダ語版では、死に向かう方向と雰囲気が色濃く、登場人物の心のあり様がほとんど描かれていなかったのですが、フランス語版は、絵と文章表現とのバランスが取れており、全体の雰囲気が明らかに違いました。看護師さんには、フランス語版の訳を読んでもらうことにしました。

(5) 小学校での読み聞かせ

看護師さんには、職場のスタッフ、救急救命士、がん患者、保育士、緩和ケアに携わる医師などにも読んでもらい、このフランス語版の『レアの星』は、「表現方法も強くなく、ロビンがどのようにレアに向きあったかがよく理解できる。ペットや親族の死を経験した子どもや小学校中学年からなら、容易に理解できる」との感想をくださいました。

その後、小学校で1、2年生を対象に読み聞かせをしてくださり、子どもの様子や集中できなかった場面、レアの死を理解できたかどうかなどを伝えてくれました。数人の学校の先生にも読んでもらい、「教科書にも、死に関する絵本は載っているし、この本自体、死が強烈に印象づけられているわけではないので、学校で読むことに関しては問題ないと思う」というコメントまで伝えてくださいました。

このようにかなりの時間を要しましたが、『レアの星』の企画は通りました。その後、編集に際しては、聖路加国際病院の細谷亮太先生に、小児科がんの専門医の立場からストーリーの展開や登場人物の言葉遣いにいたるまで、細かなアドバイスをいただき邦訳文の推敲を重ねました。フランス語から訳した絵本の最終稿で、再び看護師さんに読み聞かせをしていただき、子どもたちの共感も確かめられ、刊行することができました。

(6) 購読者からの感想

幸いにも、『レアの星』（パトリック・ジルソン作／クロード・K・デュボワ絵／野坂悦子訳、くもん出版）はいろいろな媒体で紹介され、各県の感想文コンクール小学校の部で推薦図書にも選定されました。書評などを読み、購入された5歳女児のお母さんからの、感想をを以下にご紹介します。

5歳の娘に読み聞かせをするには、ちょっと早すぎたかな…と思っていましたが、本を読み終わると、目に涙を浮かべていた娘を見て、私自身までが涙があふれました。この娘が1歳のときに大病をし、大学病院での生活を思い出しました。一方、子どもたちの友情、感受性の尊さを実感しました。

7. 読者へ届く本づくり

冒頭で述べたように、絵本・児童書を企画する段階や、出版前の段階で保育の現場や家庭での読み聞かせなどをできるだけしてもらいます。子どもたちの反応や保育士さんやお母さん方の感想を、刊行の判断基準や内容の推敲に役立てているのです。

具体的に読み聞かせをしていただく方々は、特に決まっているわけではありません。編集担当者がその本の内容や読者を想定し、時にはくもん式教室に通う子どもだったり、社員の子どもだったり、懇意にしている幼稚園や保育園、小学校の場合もあります。

また定期的に、特定の書店の児童書担当者、読み聞かせボランティア、読書運動家、図書館司書の方々に集まっていただき、内容を多角的に検討し、読者の子どもたちに届く（共感できる）本の刊行をめざしています。

2節　メディアからみえてくる子どもの読書

前田利親（読売新聞大阪本社編集局生活情報部記者）

1．「よみうり子育て応援団」とは

読売新聞は２００１年秋から、子育てに悩む保護者らを応援する「よみうり子育て応援団」という企画を行なっています。育児や小児医療、児童心理などの専門家や、親子関係や働く女性の問題に詳しい文化人やタレントらに「応援団」メンバーになってもらい、各地で行なうシンポジウムで、読者や参加者の悩みや疑問に対して、質疑応答形式で話し合ってもらうものです。

ホールなどで公開で開催し、司会者１人、応援団メンバー４人から５人で話し合います。子ども連れの保護者も参加してもらいやすいよう、一時保育を行なったり、親子席を設けたりしています。これまで大阪や京都、東京、広島などで行なっており、通算28回（２００６年７月現在）を数えました。

テーマは回ごとに異なり、「しつけ」や「習い事」「父親の育児」など実にさまざまです。２００４年９月に滋賀県彦根市で行なった「子育て応援団＠彦根」のテーマは「本の楽しみ広げたい」でした。

この「子育て応援団」は、家庭や暮らしの話題を扱う生活情報部という部署が担当しています。私もまた、同僚とともに担当記者として参加することになりました。

2．保護者の悩み

まず私たちはテーマに即した5回の連載記事を手がけ、8月中旬に大阪本社版の「家庭とくらし面」に掲載しました。子どもと読書の現状を提示するとともに、読者から質問を募るのがねらいです。

連載では「乳児を対象にしたブックスタート」「子どもへの読み聞かせ」「小学校高学年や中学生をも含めたブックトークや読書へのアニマシオン」などの話題を取り上げました。

その結果、70通あまりのはがきやファクス、メールが保護者から寄せられました。中には親子で読書を楽しんでいる、という投書もありましたが、大半は悩みや不安が書かれていました。悩みは大まかに、5つに分類することができました。

① どんな本を選んでいいかわからない（41・7%）
② 子どもが本に興味をもってくれない（20・8%）
③ 子どもの読書にどうかかわればいいか（16・7%）
④ 子どもの本の読み方に不安がある（11・1%）

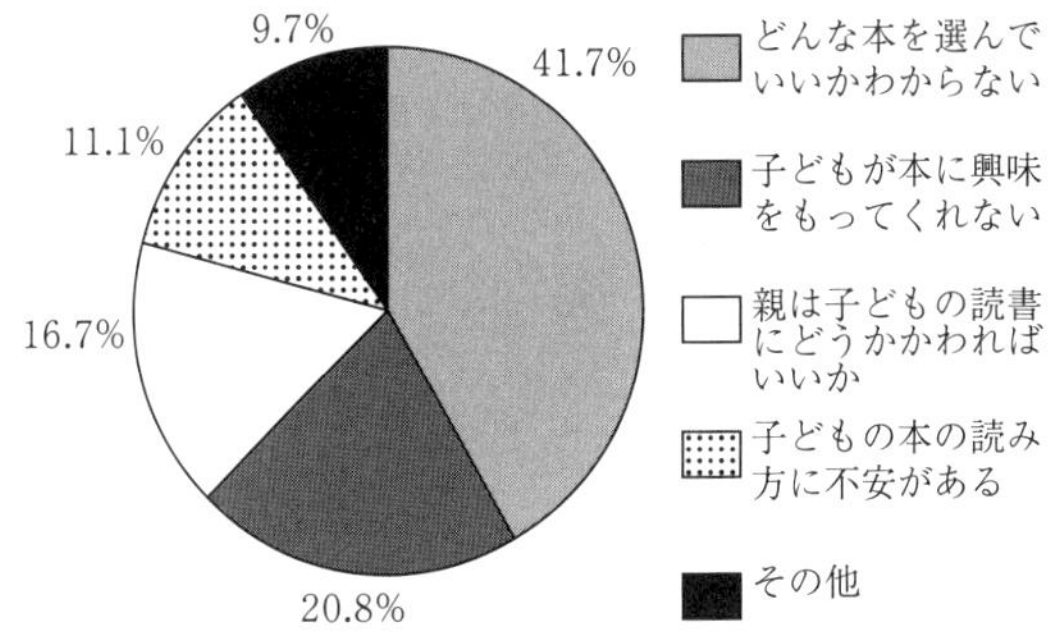

図3-1　親の子どもの読書に対する悩み（読売新聞、2004）

⑤　その他（9・7％）

さらに投書した読者のうち何人かに電話などで取材を行ない、9月初旬に3回の連載記事としてまとめました。具体的な声は以下のようになりました。肩書きや年齢は、いずれも当時のものです。

(1)　どんな本を選んでいいかわからない

子どもの年代を問わず、最も多く寄せられた悩みでした。たとえば、小学校4年生の長女と、3年生の二女の母親である42歳の女性公務員は「『個性や成長に合わせた本を読ませてあげてください』という話を司書から聞いたことがありますが、実際にどんな本を選んで、どのように子どもに薦めればよいのかわからない」といいます。「子どもに合わせた読書カウンセリングでもあればいいのですが」と悩んでいました。他にも「1歳7か月の子どもに絵本を与えたいのですが、本屋に行くとどれを選んでいいかわからず、結局何も買わずに帰ってきます」（33歳、女性）という意見もありました。

(2) 子どもが本に興味をもってくれない

子どもがテレビのアニメやヒーロー番組ばかりに興味をもち、本に向き合わない、という悩みも目立ちました。39歳の主婦の4歳の長男は幼稚園に入ってから、ヒーローもののテレビ番組に夢中になりました。ビデオも合わせ1日に2、3時間も見ていることもあるそうです。以前は絵本が大好きで毎日読み聞かせをしていましたが、今はすっかり機会が減っているそうです。「また本を楽しむようになってほしいのですが」と気をもんでいました。他にも「私は本好きで、長女（4歳）にも読んでほしいのですが、なかなか興味をもってくれません。アニメの主人公が登場する絵本しか手に取りません」（34歳、女性）という意見もありました。

(3) 子どもの読書にどうかかわればいいか

小学校高学年など比較的、年長の子どもをもつ保護者の悩みもありました。46歳の女性保育士の小学校6年生の長男（12歳）はサッカーに夢中です。「親が本を読む姿を見れば、子どもも読書好きになる」という話を聞いたことがあり、正論だとは思うのですが、実際は仕事と家事に追われる毎日です。「なかなか本を開く時間と心の余裕がありません。そんな状況で親が読書を押しつけても、子どもは反発するだけだろうし…」と困っていました。他にも「娘の通う小学校ではＰＴＡ活動の一環として、保護者による読み聞かせを行なっています。ただ高学年になるにしたがって子どもの希望者は減っていきます」（42歳、女性）という意見もありました。地域によっては小学校や中学校で始業前に「読書の時間」を設け，読書習慣が子どもたちの身につくよう活動しているケースもあります。ただ，そのような取り組みのない地域もまだ多く，また，読書の習慣づけは年齢が上がるほどむずかしいとされるだけに，保護者の悩みも深いようです。

(4) 子どもの本の読み方に不安がある

子どもは本に向き合っているのですが「はたしてこの読み方でいいのだろうか？」との不安をもつ保護者も多いようでした。36歳の母親は「2歳の娘と一緒に本を読もうと思っても，すぐにページをパッパッとめくってしまい，話の内容を伝えられません」と悩んでいました。他にも「小学校3年の長女は図書館に行くと，写真の多い工作の本や図鑑ばかり選ぶのが気になる。読書の楽しさを知ってほしいのですが」（37歳，女性）という意見がありました。

(5) その他

金銭的な悩みもありました。33歳の女性ピアノ講師の3歳の長男は絵本が大好き。毎週，図書館に行って，同じ絵本を借りることもあります。「本当は買ってやりたいけれど，決して安いものではないので…」と悩みを募らせていました。

また子どもの読書の「効果」への期待もめだちました。おもに，「優しく，豊かな心をもってほしい」という意見と，「学力をつけてほしい」という意見に二分されました。

3.「よみうり子育て応援団@彦根」で話し合われたこと

「よみうり子育て応援団@彦根」は2004年9月25日、滋賀県彦根市のひこね市文化プラザで親子連れら約300人が参加して開かれました。

壇上のメンバーは絵本作家や大学教授、女優ら5人。みずからの経験や専門的な知識を交え、約2時間半にわたって語り合ってもらいました。時間的な制限もあり、テーマを3つに絞りました。

(1) 絵本の選び方や、子どもを集中させるコツは

大人と子どもとでは物の見方が異なることを理解したうえで、子どもに好きな絵本を選ばせる大切さが論じられました。また、親子でコミュニケーションをとる際に、絵本が大きな役割を果たすことも指摘されました。

(2) テレビは子どもに悪い影響を与えるか

読むことで想像を膨らませることができる本に比べ、テレビは音や映像の衝撃が強すぎる、との意見が出た一方で、テレビ自体が子どもに悪影響を与えることはない、との意見もありました。子どもが見ている番組を親は把握しておくべき、との声もありました。

(3) 本好きの子どもを育てるには

子どもがいつでも手に取れるよう本を置いておく、といった環境面の充実の大切さが指摘されま

した。また、子どもが選んだ本を認めてあげることや、親自身が本を読む姿勢を示すことが、本好きな子どもを育てることにつながる、と結論づけられました。

4．参加者の感想とこれからの展望

「子育て応援団@彦根」の終了後、会場で参加者にアンケート調査を行ない、１２７通の回答を得ました。内訳は女性が１１０人、男性が16人（無記入１人）。年齢別では30～40歳代が約７割で最も多く、50～60歳代も約２割あり、祖父母世代の参加もめだちました。

自由意見も寄せられました。これまで抱えてきた悩みに対して、一定の回答や安心を与えられた保護者の姿が浮かび上がってきました。

・「子どものため」と肩に力を入れて絵本の読み聞かせをしていたので、話を聞いて楽になりました。これからはもっと楽しくやっていくつもりです。（30歳代、主婦）
・いつも本の内容ばかり気にしていましたが、好きな本と好きな環境で楽しく読むことが大切だと分かりました。（30歳代、主婦）
・決められた型、枠に入っていなければ、という不安から解き放たれた気がします。気楽に行きます。（30歳代、会社員）

事前の連載や調査を通じて、読書へのアニマシオンやブックスタートなど読書にかかわるさまざまな試みが広がっていることや、子どもの活字離れを防ごうと、国や地方自治体も「子どもの読書」を推進しようと取り組んでいる実情を知りました。一方で、読者や参加者の感想を通じて、こちらが予想していた以上に親たちがさまざまな悩みや不安を抱えていることがわかりました。子どもの読書について、保護者への情報提供がまだまだ十分でない、とあらためて実感しました。

読売新聞は4年前に出版関係業界と協力して活字文化推進会議を発足させ、「21世紀活字文化プロジェクト」を展開しています。作家らが登場する講座などに加え、「お父さんとお母さんの読み聞かせ教室」「子どもの本フェスティバル」といった行事を行ない、次世代を担う子どもたちの読書の習慣づけを推進しています。

そういった活動に加え、紙面での情報提供も欠かせません。新聞は多くの人が目にするメディアであり、また、生活情報部は日々の暮らしと密接に結びついた記事を手がけています。子どもの読書ついて悩みをもつ読者に対し、現状や最新の情報を機会があるごとにキャッチし、詳しく報道すべきだと痛感しています。

もちろん、子どもの読書の問題を一気に解決するような処方せんはなく、地道な取り組みが欠かせないでしょう。悩みをもつ読者とともに考えていくような紙面作りを心がけていきたいと思っています。

あなたの「世界」の愛し方、そして私の。

特別インタビュー

村中李衣さん

聞き手・黒木秀子

村中李衣（むらなか・りえ）　梅光学院大学こども学部教授。山口県生まれ。筑波大学人間学類・日本女子大学大学院修了。小児病棟、養護施設、老人施設等で絵本の「読みあい」を続けながら読書療法の可能性をさぐる。著書に『かむさはむにだ』（日本児童文学協会新人賞受賞・偕成社）、『小さいベッド』（サンケイ出版児童文化賞受賞・偕成社）、『おねいちゃん』（野間児童・文芸堂、理論社）、『たまごやきとウィンナーと』（偕成社）などの創作作品、および『絵本を読みあうということ』（ぶどう社）、『読書療法から読みあいへ』（教育出版）、『絵本の読みあいから見えてくること』（ぶどう社）など多数がある。

なぜ、本なのか

――この本の中で私たちは「なぜ子どもに本を薦めるのか」という問いへ、息長く答えたいと考えています。そこで、まず、李衣先生にとって、子どもたちとかかわっていく時の方法がなぜ「本」なのかということをお聞かせていただけますか。

村中　本に限ったことではありませんが、「ものづくり」には、作った人の世界の愛し方が映ると思うのです。いろいろな本を読むということは、「言葉」を通して、いろいろな世界の愛し方があるということを知り、それを受け入れていくことだと思います。と同時に、見えない作者とも、彼らの一通りではない世界とのかかわり方にふれることで、出会っていくのだと思います。今、いろんな意味をこめて「ふれる」という言葉を使いました。「ふれる」ということは、他者を感じながら、他者を感じる自分をも感じる営みです。そういう「相互に交わる感覚」をゆっくり育てる機会が非常に減っているのが、今の世の中ですよね。情報をすばやく取り込み、こちらの要求もなるべくシンプルに記号化して届けるということ。「効率」の中で生きていくことが強いられていくと、五感は萎えていく一方です。養護施設で子どもたちと絵本を読みあう時間を定期的にもっていたのですが、その「読みあいの時間」の前に、一時間近くパソコンに向かってゲームやインターネットをしていた子どもたちは、私と向かいあっても、しばらくの間、会話がぽつっ、ぽつっ、と断ち切れ、声のトーンもいくぶん高いのです。なにやら、頭の上を言葉が素通りしていく感じで、絵本を読みあう身体に落ち着くまでに時間がかかります。それでも、相手をせかさず、ゆったりと美しい世界をひろげ、読み手の気持ちをそのままに映し出してくれる絵本とともにいると、しだいに彼らの声のトーンも下がり、私と絵本と自分という三者の関係の中に、身を委ねる様子に変わってきます。けれど、また、パソコンやテレビのような一方的な情報のシャワーを浴び続けると、彼らの「感じあう身体」はどこかに消し飛び…このくり返しにジレンマと危機感を強くもちました。

そんなわけで、10年くらい前までは、最初に申しましたように、本でなくても、他にこの世界の愛し方を伝えてくれるものにふれることができれば、それが何であってもいいだろうと考えていました。でも、もはや、ふれるどころか、逆に世界とのつきあい方を極端に矮小化して押しつけてくるメディアから身を守るために、日常的に子どもたちの手助けをしてくれるのは「本」くらいしかなくなっているんじゃないでしょうか。寂しいことですけれども。

――その場合の「本」とは、絵本になりますか、それとも読み物も含めてでしょうか。李衣先生は子どもの読み物をお書きになっておいでですが、最近は絵本づくりの方向へお進みかとも思います。

村　中　「絵本」「読み物」両方含めての思いです。ただ、絵本と読み物では、五感を育て、世界と対話していく、その「世界」の質が違います。読み物の本は自分の方に向けて開きますよね。一方絵本は、声に出して読んでくれる人と聴いている人をつなぐように、外へ向けて開きます。もちろん、自分だけが、自分に向けてそっと開いて読む場合もありますけれど。つまり、読み物は、自分の内面を深く掘っていく作業に伴走してくれるのだと思います。それに対し、絵本は、描かれた世界を、読む人と聴く人が共有しあい、共有された場の中に、互いの感情を注ぎあって世界を膨らませていく作業を見届けてくれるのだという気がします。そして、こうした「場」の育ちあいの現場として絵本をとらえていくことに、今、私の仕事の重心があります。「共有しあう」のだけれど、決して同化していく方向だけを選ばせないところが、絵本のおもしろいところです。

たとえばお母さんと子どもでジョン・バーニンガムの『ねえ、どれがいい？』（評論社）という絵本を読むとしますね。すると、二千円でトゲのある茨に飛び込むのと、五千円で死んだ蛙を飲み込むのと、二万円でお化け屋敷に泊まるのと、ねえ、どれがいい？　と問いかけてくる。お母さんは、「どれもイヤだけれど、どれかを選ばなきゃならないんだったらどうする？」というような心もちで子どもに聞く。でも子どもの中には、「うっはあ！　二万円もするお化け屋敷にゼッタイ泊まってみたい！」って思う、そういう子もいますよね。で、その子は「おばけやしき！」と言う。その傍らでお母さんのほうは、どれもイヤだけど、どうせなら二万円もらえるのがいいかしら、なんて思って「おばけやしき！」とつぶやいてるかもしれない（笑）。こんなふうに見ている世界が違いながらも一緒の場を楽しめる、これは絵本のもっている許容性だと思います。

絵本というものの特徴って

村中　絵本を一緒に読みあっていると、お互いの読みが違っていれば違っているほど、それを分かちあうことでお互いの関係が深くなったり、その時の「場」が広くなったりということがあります。それも、絵本の大きな特徴のひとつかなと思います。

それから、さっきも言ったことだけれど、絵本のもうひとつの特徴は、読む人をせかさないってこと。絵本は待ってくれるのね。それがテレビなど他のメディアにはないことですね。パッパカめくらなくていい。じーっとひとつのところを見ていていい。その時間を共有している先生や親も、まったりと一緒に何時間でもその世界の広がりを楽しめるでしょ。

――それは、今の若いお母さん方が子どもと読ん

でいるのを観察されても、そうお思いになりますか？

村　中　そうですね、お母さんが何かにせかされている、と感じることはありますね。大丈夫、そんなにがんばって一日に何冊も読んであげなきゃ、なんて考えなくていいし、それよりも、ほら、この場面のすみっこに咲いているすみれのなんて愛らしいこと！　それに、このふわ～って浮かんでるクリーム色の雲のなんて気持ちよさそうなこと！　もっと、一ページずつの中にあるまったりした時間を受け入れていいのよ、って言ってあげたいけど、やっぱり読まなきゃいけないとか、文字を追わなきゃいけないと思ってしまわれるみたいですね。お母さんたち自身がもう少し心をゆったりさせていれば、絵本からの「そんなにあせらなくて大丈夫よ。おかあさんも私をたのしんで」っていう囁きが聴こえてくるんだと思いますが。なんだかもったいないことですよね。

でもね、それもこれも、わが子へのひたすらな愛ゆえのことですから、少しくらい「育児書」みたいなものに惑わされて窮屈な絵本とのつきあい方をしていたとしても、そんなに大失敗ではないし、だからといって子どもに悪影響があるというわけでもない。それもこれも後からふり返れば、いとおしい思い出になるんじゃないでしょうか。偉そうにこんなことといっている私だって、いつもゆったりとそよ風吹く窓辺で余裕の絵本読みしていたわけではないし、長男の時なんか、まだ首もすわらない2か月頃から実験台にして、ありとあらゆる「通説」が本当かどうか、かたっぱしから絵本を見せて試したりもしましたから（笑）。

ただね、ひとつだけ、一般の家庭での読みあいについて強調したいことは、自分の読みを、つまり読み手の生活だとか感じていることだとかを、絵本を通してもっと外に出してもいいんじゃないかということです。同時に、聴いている子どもたちの思いも、絵本を通して読み手の心の中に自然に取り込んでもいい。行き来が可能なのね。お互いがイコールでない読みをしていても、そのことが交差して広がっていく。専門家の読書サービスとは違う家庭での絵本の読みあいはそういう「場」をつくれるものだと思っています。

小さい人との読みあいで

――李衣先生はさまざまな場面で読みあいをなさっていらっしゃいますが、読みあいの中でのエピソードを聞かせていただけますか。

村中　今、私はお年よりから赤ちゃんまでいろいろな方と絵本を読んでいますが、「この本ってこうなんじゃないか」というのは、本日ただいまの「私のその本との出会い方」であって、それは一緒に読みあう人によっても、時によっても、場所によっても、まったく違ってきます。違うなあと思うことで、私自身についての発見もあるし、また、読み手の一人となった相手がどんなふうに世界を受け止めようとしていて、それを本によってどう整えていこうとしているのかということがあらためて見えてくる場合もあります。

たとえば、かがくのともに『もとにもどす』（福音館書店）という絵本があるのですが、この間、小児科の待合室で読んできたばかりなんです。その日は、会場に赤ちゃんから小学生まで集まっていました。「びりびりびりっと　やぶってから」の場面には一枚の紙がびりびりに裂かれている。それが、次のページをめくると「もとに、もどす　ちゃんともとに　もどったかな」と記されてあり、前ページで裂かれていた紙が復元されている、というような仕組みの絵本です。つまり、最初の場面とめくられた後の場面のあいだには、因果関係があって、その関係を手がかりにしながら、頭の中で根源に戻すことをイメージして楽しんでみるというわけです。でも、うんと小さい人には、時系列を頭の中で操作し変えて「元に戻す」ってことが、よくわからないんですね。

小さい人はページの進行が時間の進行だと思うから、めくっていく先にあるページに「もとにもどした姿」があるとは考えられなかったようなのですね。それで、私が、「もとに、もどす」って言いながらページを次にめくろうとすると「ちがうや〜ん」と言って、前のページに戻そうとするんですよ。なんどもなんども、そのくり返し（笑）。少し大きい人たちは、その大真面目な「戻し」のずれに、爆笑していましたっけ。

――わあー、そうなんですか（笑）。

村　中　ああ、そうなんだ。作り手、というよりも読み手である私は「めくる」という行為の中にこめられている「時間の流れ」の意味をないがしろにしていたんだな。小さい人にとって元に戻すというのはとても単純に、このページ進行に対して逆に行くということであって、物の形状とか性質とかを元に戻そうということではないんだなと、この読みあいによって教えられました。大人はこの絵本で語っているようなことを「還元」と考えますけど、小さい人にとっては形が変わるということは元に戻るんじゃなくて、逆に、新しくなる、ということなんですね。子どもの毎日はその瞬間瞬間、新しくなってますからね。とてもおもしろいです。

――なるほど。

村　中　「新しくなる」といえば、うちの子どもが小さい時に、ツタンカーメンっていうお豆をご飯に混ぜて炊いたことがありました。緑色のお豆なんだけど、炊くと色素が出て、ご飯がお赤飯みたいな赤い色になるんですよ。そうしたら息子はこう言いましたね、「あ、すごい。緑やったのが赤に変わっちょら。あしたは何色に変わるかねえ」って。私たちは緑が出発点で赤が帰着点だと思うけれど、子どもはそうは思わない。赤はまたゼロの地点、そこからまた変わっていく出発点なんですね。

同じように大人は絵本の表紙が始まりで最後が最終地点って思うけれど、子どもの年齢によっては、いつもめくったところが0地点で、次が1となって、またそれが0になって次は1と。それで、絵本の終わりはとりあえず表紙にまた回っていくための儀式で、終わりまでいったら必ずすぐに前にもどす子、いるでしょ？「もういっぺん！」って。

――います、います（笑）。

さまざまな年代の人と読みあって

村　中　「もういっぺん！」はくり返しのリクエストみたいに思うけれど、子どもにしてみればぐるぐる世界が回っていることを確かめたくて、大急ぎで、後ろのページまでいったらパッと前にもどして「もういっぺん！」と言うんじゃないかな。この、ぐるぐる回っているという宇宙観みたいなものを確かめて楽しんでいるんだなぁと実感する時がありますね。2歳、3歳くらいの人と読んでいると。

ところが、おじいちゃん、おばあちゃんと読んでいると、終わりまでいくと「ふ～っ」ってね。「こんな中にもわしと同じような人生があったねえ」って、そんな感じで、決して「もう1回」は言わない。自分の人生の呼吸のようなものが本に映るんだろうなあと思います。

――赤ちゃんってどんな感じで絵本と出会うんでしょう？

村　中　生まれて初めて本というものに出会った子どもや赤ちゃんと絵本との出会いをいくつも見てきましたが、そもそも　絵本がね、こう閉じているものが開いたら絵がぶわっと広がるというのはもう、びっくり以外の何物でもないようですね。しかも、まためくったら、また新しい別の絵がある。それも、テレビの画面みたいに勝手に変わるんじゃなくて、自分がめくることで変わる。箱のなかからちょろっと顔をのぞかせていた白いテッシュペーパーが、しゅっと引っ張ると、ほわ～っと広がって、また引っ張ったら、またほわ～っと広がる、あのおもしろさと同じですよね。2拍子の感じかな。０１、０１、って。

成長にともなってそのほわ～っと広がったもの自体への興味も出てきますけれどね。少し大きくなった子は、たとえば新聞紙をばあーっと撒き散らして、「新聞紙の海だぁ～」なんていってね。その豊饒さの中に自分が浸っていることを楽しむんですが、生まれて数か月の赤ちゃんの世界との出会い方、交信の仕方はちょっと違いますね。

――小学生との読みあいの場面では、絵本ではない本でもなさいますか？

村　中　はい、以前は、私が選んだ本を相手に手渡しておいて、次に会った時に、その読みを受け止めて、またさらにそれを先へ伸ばしていくような本を選んで手渡したり、あるいは深く一冊を掘り下げ、つないでいったり…そんなことをくり返しながら信頼関係をつくっていくという方法論でやってもいました。でも今、それはほとんど絵本を通しての試みになってます。くり返しお話ししていることですけれども、絵本は一緒に場をつくることができるから。でも、たとえば推理小説や探偵小説の謎をみんなで解いていくような、みんなで同じ目的で読み進めるということはしています。小児病棟などでもね。

――夫婦の読みあいということもなさってますよね。

村　中　そうそう。夫婦で、ちょっと設定は不自然かもしれないけれども互いが互いのために選んだ一冊の絵本を読みあう。不自然というよりはスペシャルなことと思っていただけたらうれしいんですけど。そうすると一冊の本を読んで二人の感じ方が一致してることがうれしいというよりも、違う二人が出会っていることを確かめることになりますね。それが自分と相手と両方を肯定していく核になれば、と。

――夫婦の間に本という第三者の言葉が介在するのがうまみでしょうか。

村　中　そうですね。たとえば保育士さんの職場のグループなどで、組になった相手のためにお互いに絵本を選んで、二人で読みあうというのもしています。するとわかっているつもりでいたお互いについての意外な発見があったりもします。またその発見を素直に伝えあえる自分たちの柔らかな部分に気づけたことで、疲れ、こわばりかけていた心がほぐれて、ちょっと幸せになったりも。大学生同士や親子、それに高校生同士にもすすめています。

○○○○○○○○○　学校の先生方に「聞き入る」という体験をしてほしい　○○○○○○○○○

――子どもの読書というほうへ話をもっていくと、親はもちろんですが、学校の先生の存在というのも欠かせないと思います。先生方について思っていらっしゃることっておありですか。

村　中　先生方って、教室で生徒に読んであげることはあっても、自分が読んでもらうことって少ないみたいですね。聞き入ることの心地よさを自身で知らないままに、次から次へと何かを提示しなくちゃいけないところに追い込まれているのかな。自分の言葉が子どもの心の中に入って、そこに棲むということが信じられなくなってるのかもしれない。感動ということだって、先生が子どもに与えてあげなきゃならないと思いがちかも。感動は子どもが自分で広げるものだと信じるためには、先生たちも、自分が見入る、聞き入るという体験をすることが必要だと思いますね。先生自身が、声とか音とか色とか、そういうものにうっとりするような時間があって、そういう自分を愛せたら、子どもに対しても同じようにできるんだと思いますけど。あらら、これって、お母さんたちへのメッセージと一緒ですね。でもやっぱり、お母さんも先生も育ちの現場にいるわけですから、同じであってもおかしくないですよね。

読まれることで癒される物語がある

――最後になりましたが、書き手としての李衣先生にお尋ねしたいと思います。どんなふうに書くことと向きあっていらっしゃるのか、また、その時に読者の子どもとは、どんな対象として李衣先生の目に映っているのでしょうか。

村中　私はベストセラー作家の方たちとは違って、ほんとに少数でいいから出会える子と出会える本を書きたいって思ってきました。読まれることを待ってる作品、読者の目にふれることで物語それ自身が癒されることってあるんじゃないか、と思うんです。それは誰かの人生の一部であって、読者を癒すためではなく、読者によって癒される人生の物語ですね。誰にも看取《みと》られることのないはずだった物語なんだけれども、それが本になることで、人生にそういうこともあっていいんだよ、と了承されるような。

たとえば、『たまごやきとウィンナーと』（偕成社）っていうある意味、描かれている子どもたちの置かれている状況は救いようのない作品を書いたことがあります。すごく暗いともいわれました。でも、挿絵を描いてくださった長谷川集平さんがね、「これは、写真に喩えればにっこり笑った記念写真とか、はしゃいでいるスナップ写真じゃなくて、何かの拍子にふっと撮ってしまった、あるいは映ってしまった写真みたいなもの。それはいつも見るわけじゃないけれど、その光景を自分は見ていたということ自体が自分の支えになるような、そういう作品もあっていいんじゃないか」と、いってくださったんです。その言葉によって、うずくまっていた作品にすーっとひとすじ、光が差し込んだような…暗いと評価された私にでなく、うずくまっていた物語に光が当たったような、そんな記憶があります。

それから、あべひさしさんと一緒に、『とうちゃん、おかえり』（ポプラ社）という絵本をつくりました。これは養護施設で出会った中学生の子が私に語ってくれた話が元になってます。読んだ人はほとんど「わけわからん」って言うんですけど、10人のうちひとりくらい同じ種類の体験があるっていう人がいますね。7歳くらいの時に、自分が世界から引き裂かれるような、自分の愛する人が自分から抜き取られるような不安に襲われた、というような感覚を思い出した、と。

そういう「生と死のはざまで揺れる記憶」はもしかしたら誰にでもあったのかもしれないけれど、忘れてしまえる人と、それが残ってる人とがあるのかもしれません。だから、本当に少数かもしれないけれどそれが伝わる人のために、こんな本もあっていいかなあって。

――あっていいんだよ、誰かそのことを同じように受け止める人がきっといるよ、っていう、それが李衣先生の、世界の愛し方でしょうか。

村中　う〜ん、ちょっとかっこつけすぎですかねえ（笑）。

（2005年12月26日、東京にて収録）

3節　世界にふれ、生を読む

秋田喜代美（東京大学大学院教授）

本章では、本を作る編集者の立場の長谷さん、そして本や読書活動を一般に広く伝えていく働きを担っているマスメディアの立場から前田さん、そして絵本の読みあいをされながら作品を書いておられる作家の村中さんに、子どもと本について語っていただきました。なぜ今子どもに本が必要なのか、そして子どもたちにどのような本を届けていくのかは、子どもの読書を考えるうえで鍵となります。そこで本節では、三人が語られたことを受けて考えてみたいと思います。

1　本でしか読めないもの

1.「子ども性」の共有

1節で長谷さんが指摘されているように、大人が子ども向けと考えているかわいらしい絵や作品と、子どもが好むものは必ずしも一致しません。そして子どもと大人が共有できる児童書を、と書かれているように、子どもの本は必ずしも子どもっぽくて大人が読んでつまらないものではないことがよくわかります。良質な子どもの本は大人も共有でき、あらためて考えさせられる内容を多く含んでいます。『レアの星』を読めば、私自身子どもにとっての死とは何かということを考えさせられ、村中さんの『とうちゃん、おかえり』を読めば、子どもの時に独りでいた時のふとした不思議な不安感、父を対象化した思いなどが浮かび上がってきます。それはけっしていわゆる大人が考えている子どもらしい子どもの姿を描いているのではないように思えます。

ケストナーは「子ども向きの作品だからといって『ひざをまげて』子どもにおせじをいうような書き方をせず、子どものためにも同じように書きます」（文学教育研究者集団、２００４）と述べていますが、これは良質の子どもの本に通じることのように思います。また、ホリンデール（２００２）は、子どもの文学について考えるのに、「子どもっぽい（childish）、子どもらしい（childlike）」ではなく、「子ども性（childness）」という概念を示しています。「子ども性」とは、子どものもつみなぎる活力やあふれる力、いろいろなことを試そうとする要求、変わりやすさなどを意味しています。一方で、大人の中にもまた「子ども性」があり、大人は子どもと遊んだり観察する中でみずからの子ども時代の記憶を引き出したり子どもの特性に価値を見出したりして「子ども性」を再構築していくといいます。そしてテクスト（作品）の「子ども性」は、作家が子どもの本を書く時にテクストに付与するもので、子どもの読者が本を読む際には子どもの「子ども性」とテクストの「子ども性」が交流するのだということを述べています。子どもは子どもっぽいテクストを好むのではなく、テクストの「子ども性」をとらえそこに響き合うものを感じるといえます。そして大人もまた、自分のもつ「子ども性」でテクストの中の子どもや読者の子どもと交流し合い、「子ども性」を共有することでテクストを楽しみ、子どもと読みの時間を共有できるのではないかと思われます。そして、子どもっぽい表現にこびるのではなく、子どもが深く考えられる本を与えてあげることが大切だと考えられます。

それはゲームやアニメの流行のキャラクターではなく、本固有の「子ども性」にふれられる作品だと思います。何があなたの「子ども性」にふれるのか、良質で読み継がれてきた本の中に、その鍵があるように思います。

2. いのちや声との出会い

2節で前田さんが紹介してくださった親の子どもに対する悩みを見てみますと、「どんな本を選んでいいかわからない」という、子どもの読書をサポートしたいができない親の悩みが紹介されています。そして長谷さんの本づくりの経験からは、大人が考えている子どもの反応と子どもの現実の反応には違いがあることがいろいろな本の例を通してよくわかります。そしてデス・エデュケーションの絵本『レアの星』が紹介されています。本シリーズ前作の中高生編でも紹介しましたが、本はいかに生きるか、そして生と死という根源的な問題やそこでの人とのかかわりを子どもたちに考える機会を与えてくれます。『レアの星』でも『わたしのいもうと』でも、『わすれられないおくりもの』でも、そこで死に行く人はたった一人の姿でありその声です。その人の生き方に子どもはさまざまなことを感じ、言葉にはできなくても自分が今生きていることの意味を問い直すことができるのだと思います。

子どもの本は、ハッピーエンドではなくても、子どもは子どもとしての現実の受け止め方ができることを、長谷さんの文章は伝えてくれます。前にイギリスのバーミンガム小児病院を訪れた時、そこでは入院するさまざまな子どもの状況に合わせて絵本が作られていました。子どもたちは、絵本をくり返し自分のペースで読むことで、「肝臓移植とは何か」など、自分の身にこれからふりかかろうとする病や手術などを、大人の説明とは違って、みずからが主体的に受け入れていくことができるということでした。ベッテルハイムは、著書『昔話の魔力』（１９８０）の中で「（昔話は）象徴的・間接的な表現で人間の真実を語って、生きることの意味を子ども達に語らせ、困難に立ち向かう勇気を与える」と述べていますが、発達の中で乗り越えていくさまざまな不安や困難、そして生きることを伝えてくれる本を児童期にこそ出会えるようにしてあげたいと思います。

そして生の問題を取り上げる時、本は一人ひとりそこに生きる人の声を取り上げてくれます。その声と出会うことが新たな世界を広げてくれたり、人とのつながりの中で生きることを考えたりする機会を与えてくれます。日本国連ＨＣＲ協会は子どもたちに難民のことを伝えるのに、『ほんの

すこしの勇気から　難民のオレアちゃんがおしえてくれたこと』（２００５）という本を作りました。この本では、日本に来た難民のオレアちゃんの経験を伝えることで、難民と名づけられた人、一人ひとりが何をどのように感じてきたかを同年代の目線で知ることができます。またさらに『ママ・カクマ　自由へのはるかなる旅』（石谷、２００２）をあわせて読むと、そこには固有の名前をもち困難な生活の中で生きる人々が、一人ひとりの名前をもって浮かび上がってきます。「難民」というカテゴリーではなく、そこに一人ひとりの生きる生活があることがわかります。いかに生きるか、いのちを考える時、本は子どもに自分の時間でみずから考える経験を与えます。だから、どんな本を子どもに選べばいいのか、といわれた時に、子どもっぽい本だけではなく、いのちを考える本もその中に入れてほしいと思います。

そしてインタビューで村中さんが指摘されているように、本は全員が同じことを受け止めるとい

ほんのすこしの勇気から

ママ・カクマ

うよりも、出会える子、受け止める人が誰か一人でもいることを期待しながら作られているといえるでしょう。どの本なら子どもが生と出会えるか、それを考えることもまた本との出会いといえるでしょう。

2 なぜ本が子どもの経験として必要なのか

1．本という思想――ふれる経験――

村中さんは、「ものづくり」には作った人の世界の愛し方が含まれているという言葉で、作家が言葉を通してどのように世界をとらえているのかを表わしていること、そしていろいろな本を読むことで、作者たちの一通りではない世界の愛し方、それぞれの作家に現われる世界へのかかわり方という思想に「ふれる経験」を読書は与えてくれることを述べておられます。そして効率化の中で忘れられていくふれる経験について『「ふれる」』ということは、他者を感じながら、他者を感じる自分をも感じる営みです」という相互的感覚を指摘されています。本の世界は「取りこまれる」「ひたる」という言葉で前章で述べたように、根源的な出会いです。坂部恵は『「ふれる」ことの哲学』（1983）の中で「ふれることとは、見分ける、聞き分けるなどのように対象化して思考するのではなく、その世界のうちに生きること、ふれることはふれあうという相互性がそこにはある」といっています。さわるということはさわるとさわられるものが明確にわけられるのに対して、ふれることは自己をこえて、他者のいのちにふれあい参入することともいっています。何事においても、要点だけをおさえ、おさわり程度ですまして終わることが多い子どもの日々の経験の中で、読書は作家が作り出す世界にふれることで、作品の世界に自己を侵入させ、また同時に作品の世界が自己の中に浸入してくる関係をつくり出す行為だともいえます。それによって心がゆさぶられ、自己に気づき、自己を形成していくのだということができるでしょう。いろいろな学習や活動を少しずつ断片的にしか経験できない学習で、はたして、経験の連続性は生み出されていくのでしょうか。子どもたちは、どっぷりと本の世界に浸ることで、作家の言葉と心にふれ、あらためて自分を感じる経験をし、みずからの生き方を形づくっていくといえます。

私はシリーズ前作で、本というメディアの固有性として、身体感覚をもって出会いかかわり経験できる「物質性」を挙げました。またマスコミと違って誰が作家かという「著者性」を意識できるメディアで、マイナーな声も広がりうる可能性を持っていること、そしてそれは今ここで読まれなくても時空を超え、いつかどこかで読者との出会いを待つ本をも蓄えておく「超時空間性」の文化があることを指摘しました。

子どもたちにとって、自分のペースで他者の世界のかかわり方にふれることのできる経験は、本からしか得られないといえるでしょう。それは本が、表紙があり、紙で構成される物質性ゆえ身体的行為を伴うというかかわり方にも影響しています。

2．本という時間――間と周縁――

また村中さんは、絵本は読む人をせかさずにじっくり読み進めるのを待ってくれるということを指摘されています。つまり自分のテンポでページをめくり、絵を眺め言葉を味わうことができる、しかも作家が伝えたいであろう筋となる言葉だけではなく、そのページまるごとを味わうことができるからこそ、本というメディア固有の経験ができるということです。

児童期の子どもたちが出会うテクストに、教科書があります。教科書は限られたページのために、めくりと場面が一致しなかったり、絵本の一部分が削除されたりします。なぜ本ではならないのかという時にそこに作られる時間が異なるからということができます。

たとえば小学校1年生がはじめて出会うある出版社の教科書の説明文に「だれだかわかるかな」という文章があります。これは見開きで、「だれだかわかるかな」という右ページのすぐ横（左ページ）に、答えである「これは、あげはちょうです」という文がのっています。これでは「だれ」であるかを思考し推理する間がでてきません。しかしこのもととなった絵本　かがくのともの「だれだかわかるかい？　むしのかお」を見てみると、次ページに「アゲハチョウです」という文がのっています。ページをめくることで間がうまれ、大きな写真を子どもがよく注意してみることでその虫の生態の不思議が感じられるようになっています。

また物語を例にとれば、レオ・レオニの『スイミー』（１９８６）がある会社の教科書に採用されています。スイミーの絵本は、もともとは見開き15ページの作品なのですが、教科書では7ページ分の絵がカットされています。その7ページ分はすべてスイミーが旅をし、さまざまな海の中の生物たち、自分とは異なる他者たちに会う場面です。したがって、この題名の日本語副題としてつけられている「ちいさなかしこいさかなのはなし」のイメージに合うような絵の構成になっています。そして絵も挿絵として位置づいています。本が生み出す間、ある作品がかもしだす時間と展開が切られていくことで主題の読み方もせばめられていくことがわかります。

しかし、英語の原典の表紙を見るとこの副題はついていません。そしてよく見ると最初の見返しの絵も原典と日本語版では違っていることがわかります。日本語版は「ちいさなかしこいさなかのはなし」に合う、一致団結して戦う（他の魚と群れをなす）スイミーの姿が描かれていますが、これに対し原典では、自分さがしの旅をしていく（単独の）スイミーの姿が描かれています。さらに韓国で出版されているハングル語版を見てみると、これにも副題はついていますが、見返しの絵については原典と同じ、スイミーが単独で泳ぐ絵が使われていることがわかります。本が作家とともに、翻訳者の解釈、編集の意図によって変化が加えられ、さらにそれが教科書になる時には、意味ある周縁が欠落していくことがわかります。

絵本の中にある時間が、指導のための教材としてのテクストにある時間と違うことは、この2例だけではなく、数々の例を挙げて説明することができます。読書において時に冗長であり周縁を含み込む世界に浸っていくことで、子どもは本の世界を生きることができるのだといえます。本の中にしか流れない、自分の息遣いのペースで進む時間こそが、子どもの自己を形づくるのに重要だといえるでしょう。

さらに村中さんが言われているように、絵本では声に出して読んでくれる人と聴く人との間をつなぐように外へ開かれ流れますが、本では自分のほうに向けられます。そしてそこに沈黙の時間が作られます。喧騒で饒舌なあわただしい情報の世界の中でなく、静かに思いをめぐらす時間が読書の時間といえます。

ボールディングは『子どもが孤独でいる時間』（1988）の中で「うちへむかうこと、自分自身を発見するために欠かせない条件であり、人間にはひとりでいる時にしか起こらないある種の成長がある」といっています。読書はこの時間を、思春期に向かっていく子どもたちに与えてくれます。この時間の作り方が、本が示す固有の世界の愛し方であり、その言葉のリズムに沿って、子どもは本の世界にふれることができていくのではないかと思います。

教室でも、語りたくないという抵抗や無関心の沈黙が増え、思考の沈黙が少なくなっています。

その中で自分の内面空間を作り出す沈黙の時間は、本でしか作れない重要な時間ではないでしょうか。

４章 子どもに本を手渡す仲介者のいる場

１節 児童書専門店からみた子どもと読書

阿部裕子（千葉県千葉市子どもの本専門店会留府代表）

１．児童書専門店について

日本人は教育熱心な民族といわれてきました。国土の狭い日本では人は大きな資源だったからです。書店調査会社による調査では、２００５年５月１日で全国の書店数は１万７８３９店、前年に比べると３１７店廃業したとのことです。子どもの読書環境に大きなかかわりがある児童書専門店が、全国でどのくらいの規模でどれくらいの数があるのかは残念ながら統計がありません。大型店やチェーン店が増えているのに子どもの本の売り場はどんどん狭くなっていくという声もよく聞きます。

子どもの本専門店会留府《えるふ》（以下会留府）は２００６年12月で30歳を迎えるとても小さな本屋です。

図4-1　会留府正面

図4-2　会留府店内

人口90万人あまりの政令都市である千葉市で唯一の児童書専門店である会留府は、地域密着型、作業スペースもいれて10坪あまりの個人経営、雑誌は「こどものとも」（福音館書店の月刊誌）のみ、店売りのほか学校図書館と、わずかに専門の業者が納品できない（もしくはしない）特殊な本だけを公共図書館に納品しています。子どもの本屋というと絵本屋と思われがちですが、絵本だけではなくいわゆる児童文学といわれている本から科学の本も並べていて、全体の70％くらいが科学絵本を含めた絵本になっています。店のいつもの在庫数は４０００冊くらいなので、一般書も含めた売り上げの30％くらいは注文品になります。新刊本を扱う本屋なのですが、ふつうの書店とは違う形態をとっています。取次（本の問屋）の判断で決められた配本数を一定の期間内に売る、委託という方法をとらず、全部自分たちで判断して本を仕入れるようにしています。中心はロングセラーの本、それに1週間に1度は出版社やその他からの情報をチェックして、取次に出かけて自分の目で本を見てきます。30年近くずっと続けてきた方法ですが、会留府だけでなく専門店はほとんどがこのようなやり方だと思います。お客様に「何を買ってよいかわからない」と聞かれることがよくありますが、私たち本屋もどう仕入れてよいかわからない時があります。そのために一部の児童書専門店のオーナーで連絡会を作り、毎月集まりながら情報交換や品切れ本などを融通し合うようにしています。巨大な書店は、流通とコンピュータ管理が一体になっているため独占化が進み、小さな書店が公共の読書施設に納品できないなど、子どもたちの読書環境の充実のために、小さな児童書専門店としてかかわることがむずしい状況になっています。

2．子どもたち

「子ども」という年齢の定義はむずかしいのですが、ここでは中学校卒業までとしたいと思います。

就学以前の子どものほかには、店に子どもが来ることはほとんどなくなりました。交通事故にはじまって、近年は学校の登下校すら安全でなくなり、親たちは神経をピリピリさせています。開店当時、会留府は今の場所ではなく近くに団地を抱えている所にあったので、本を買いにくるだけでなく、近所の子どもたちがよく遊びにきました。小動物を持ち込んでくる子、好きなプロレスのことを知らない私にわからせようと説明に通ってきた子、時どきお掃除にきてくれた子、いわゆる教育ママに反抗してなかなか帰りたがらない子もいました。『はじめてのおつかい』（筒井頼子作／林明子絵、福音館書店）はドキドキしながらお母さんに頼まれたおつかいをする子どもの話ですが、お話も絵も日常の生活情景が描かれていて、当時の子どもの様子そのままです。

店では毎週「お話会」をしていました。幼い子どもは大人と通ってきていましたが、毎週日曜日の午前中には小学3年生以上の子どもを対象にしていたので、高学年の子どもが友だち同士で来てくれました。『モモ』（ミヒャエル・エンデ、岩波書店）を3か月かけて読み、7～10人の子どもたちが最後まで聞きにきていました。まもなく、交通事故の心配から子どもたちだけで遊びにいくことが禁止になり、大人と一緒に来店する子どもが多くなりました。当然子どもと一緒に行動できる大人がいない場合、来店はむずか

はじめてのおつかい

モモ

しくなります。千葉市には児童館が一館もなく、子どもが利用できる施設は図書館と公民館の一部だけです。行き場のない子どもたちは、ゲームセンターやスーパーなどの売り場をウロウロするようになり、これがしだいに問題になってきました。また、毎週続けていたお話会は、学校週5日制の導入により、子どもたちの下校時間が遅くなったことや、土曜・日曜日にお稽古ごとや塾通いをする子どもが多くなったために、参加するのは3歳未満の子どもばかりで、定期的に店でするのは止めることにしました（現在は親子できてもらうお話会を年に2回、定期的には近くの保育園へこちらから出かけてお話会をしています）。

3. 本屋で本を選ぶ子ども

それでも、春・夏・冬のちょっと長いお休みには子どもたちが大人と一緒に来店します。中学生くらいになると、親と一緒に店に入ってきても別々になって、ほしい本を一人で探して親に渡しています。子どものほしい本と親が買い与えたい本には微妙にズレがあります。当然ですが読書のきらいな子どもや、本をほしいと思わない中学生は児童書専門店に来ることはありません。

それ以下の年齢の子ども（赤ちゃんを除いて）はどんな様子で本を選んでいくのでしょうか。

(1) 知っている本、一度読んだことのある本

大人は一度読んだことのある本を買うのはむだで、せっかくお金を出すのだから読んだことのな

い本を選ぶようにいいます。しかし、何度も同じ本を読むのは子どもの特徴です。何度も読むことで自然に読みが深まっていきます。そして、その本はその子どもにとって宝物になります。

(2) 興味のあることが書かれている本

動物の本、魔法や不思議なことが書かれている本、冒険もの、そして少し怖い本も好きです。子どもは題や表紙の絵などで、その本がどんな本か知ろうとします。絵を手がかりにイメージを広げていこうとするのです。

(3) 子どもの性格

早く決めてしまう子どももいますが、なかなか決められないで大人にせかされて焦ってしまう子どもがいます。できれば、ゆっくりと選んだほうがよいと思います。読書は速さを競うものではありませんし、焦ると混乱してしまいどれがほしい本なのかわからなくなってしまうからです。

(4) 子どものプライド

就学前後の子どもたちは、読んでもらうのも好きだけれど、自分でも文字が読めると言いたい年齢でもあります。それは小学校に入ると顕著になります。そのバランスがむずかしい年齢です。活字の大きさ、漢字の割合なども気にします。「内容」と「読み」の関係はとても重要です。文字が読めるからといってあまり背伸びさせると本嫌いになる子どももいます。一方親に甘えられる関係がある子どもは年齢に関係なく大人に読んでもらうことができます。また、小学校低学年くらいの男の子は女の子が主人公の本を読みたがりません。学校へ行くようになると性別を意識させられることが多くなるためか、男の子にプレッシャーがかかりやすい社会のためなのか、理由ははっきりしませんが興味深いことです。

(5) 友だちと先生

子どもたちは、友だちが持っている本や流行の本は、読めるかどうかは別として、持っていたいと思うようです。アニメの本、テレビで話題になっている本などもほしがります。これは友だち関係の問題で、このように本を求める気持ちが本を読むことにつながるかというと、それは別の問題です。毎年ベストセラーになる本はこれにあたります。また、先生が読んでくれた本は自分でも読みたいと言います。図書室に専任の司書がいる学校ではもっとはっきりしていて、迷わず手に取って、「読みたい」と言います。先生の力は大きいということです。この本は先生が読んでくれたのだとうれしそうに親に話したりしています。

4. 児童書専門店に来る大人たち

ひとくちに会留府へ来る大人といっても、さまざまな人がいます。繁華街にあるわけではないので、通りがかりに来店する人は少なく、ほとんどがなんらかの形で前もってお店のことを知って来店します。「誰かに教えてもらった」「新聞、雑誌で知った」「インターネットで知った」などきっかけはさまざまで、インターネットの力は年々大きくなっています。

(1) 子育て中の親

子育て中に来店される方のほとんどが、子どもの頃から身近に絵本があった、また、読んでもらったことがある人たちです。会留府でも幼い頃に来ていた子どもが、親になって子どもを連れて来店することがあります。1960年代に初版が出版された『ぐりとぐら』（なかがわりえこ作／おおむらゆりこ絵、福音館書店）を読んで育った子どもたちは40代になりました。人は自分の楽しかったことを子どもたちにも与えたいと思います。こうやって継続されたことが文化になるのでしょう。本好きの子どもを増やせば本好きの大人が増えて、また、本好きの子どもが増える、これは単純で明快なことです。その人たちにどこで読んだか、誰に読んでもらったかと尋ねると、ほとんどの人が「保育園」とか「学校で」と答えます。それは、まだ日本の家庭では子どもに本を買う余裕があまりなかったからだと思われます。今は「家庭」でと答える人もだんだん多くなってきています。

文部科学省は2004年4月1日から2005年3月31日の1年間の、家計における学習費の調査結果を2005年12月に発表しました（全国学校図書館協議会、2006）。教科書や教材を除いての年間の図書費（保護者回答）は、子どもを公立小学校へ通学させている家庭では一人あたり4534円、公立中学校では4410円、私立中学校では8878円となっています。会留府のある千葉市ではいわゆる新住民とよばれる若い世代も多く、家計は家のローンと教育費できびしい状況だといいます。また、教養、その他にかけたお金が皆無という人たちが、幼稚園で26・9%、公立小学校で16・7%、公立中学校で27・2%となっています。この数字は何を示しているのでしょうか。

(2) 自分自身のため

子どものためというよりも自分のために児童書を買いにくる人が多くなってきました。若い世代で絵本が好きという人、逆に年配の人で絵が好きという人、また、動物、植物が好きなので写真集を探しにくる人、その他にテレビで放映されたり新聞で取り上げられたりするとその関係の本が売れます。また、この頃出版が活発になっているヤングアダルト向きの本を親子で読む人も多くなり

チョコレート工場の秘密

ナルニア国物語

ました。昔のように大人と子どもの境界がはっきりしていた頃にはなかったことなのですが、本だけでなく、ファッションなどでもこの境界はかなりゆるやかになっています。どちらかというと女性にその傾向が強く、母娘が一緒にというケースが多く見られます。映画で話題になった『チョコレート工場の秘密』（ロアルド・ダール、評論社）、『ナルニア国物語』（C・S・ルイス、岩波書店）上橋菜穂子、荻原規子などの作家の本も子どもから大人まで幅広い読者がいます。

(3) 教師や図書館司書

子どもたちに紹介する本を探しに来店する熱心な教師は変わることなくいますが、全体的に少なくなっています。職場へ車通勤する教師も多くなっていて、「通勤途中に本屋へちょっと寄って本を見るということがあまりなくなった」「ともかく忙しい」「教材研究をする時間がとれない」とのことです。教師も司書も本を読む時間がなかなかないので選書ができない、また、そのための研修も少ないというのが実情です。

(4) 読書ボランティア

「朝の読書」にはじまって、ボランティアで学校へ本を「読み聞かせ」に行く人たちが多くなっているので、その人たちから相談を受けることが頻繁にあります。「何を読んだらいいのかわからない」「どう読んでいいのかわからない」と相談されます。学校から「授業でブックトークをしてほしい」と言われ、相談にみえた人がいて驚いたこともありました。子どもたちがいろいろな人と接する機会をもつことはよいことだと思いますが、その一方でボランティアに対しての苦情も多く聞きます。ほとんどが児童の保護者たちなので子どもたちのプライバシーが守られません。たとえば「○○ちゃんはこんな本を読んでいるからあなたも…」、これは学校図書館へ本の整理や貸し出しのボランティアに行っている人から聞いたことです。また、読むのに前もって図書主任と相談するのでもなく、練習もしないで教室でぶっつけ本番、ただ自分がなんとなく好きだという理由だけで本を選ぶ人もいるそうです。子どもの状態、クラスの様子も知らず、学校のほうでも先生がいなかったり、自分の仕事をしていたりという話を聞くことがあります。そして、「読み聞かせ」で読んだ本が学校やクラスにないということも多く、これではなんのために読みに行くのかわかりません。子どもは読んでもらった本をもう一度自分で読もうとします。そうやって読書が好きになるということをもっと考えなければならないと思います。子どもたちの次につながる行為として、ボランティアの人たちはきちんと計画をたて、教師や司書ときちんと話し合って勉強してほしいと思います。

5. 本を読まない子どもたち

読書に限らずいろいろなところで二極化が問題になっています。全体的に子どもたちが本を読まなくなったわけではなく、すごく読む子とまったく読まない子の両極に片寄り、読者層は中間層の薄いヒョウタン型になっているように思います。全国学校図書館協議会と毎日新聞社が共同で行なった「学校読書調査2004年」によると小学生の1か月に読む本は平均7・7冊、中学生は3・3冊となっています（ちなみに毎日新聞社の「読書世論調査」では年齢が高くなるほど本を読まないというデータが出ていて興味深い）。以前は、マンガばかり読んでいて親が望むような本を読んでくれないという相談には「興味がわく本やおもしろいと思う本に出会わないだけだ」と答えていましたが、近年はそれとはすこし違った様子を感じています。

一つはゲームやテレビの影響です。あのスピード感と強い刺激に幼い時から曝されて、どっぷりつかってしまうと本の世界にはまったく関心を示さなくなってしまうということです。その子どもたちはマンガを読むことすら面倒だといいます。そして、ケータイはそれらにさらなる拍車をかけるのではないかと思っています。ゆっくりものを観察したり、考えたりすることがなくなり、それが子どもにとって憂慮すべき問題であると思わない親が増えているように思います。店に来て2歳くらいの子どもにケータイを持たせて、自分は本を読んでいた母親がいましたが、見かねて「子どもに本を読んでやって」と言った私の言葉が通じずに愕然としたことがあります。他にも、図書館は有料だと思っている子どもや、返すのが面倒だから本を借りてくるなと叱る親など、本を読むこと以前に、子どもの生活に少しの関心も示さない家庭の中にいる子どもがいます。

もう一つは、エネルギーが切れてしまっている子どもの存在です。早くから文字を教えられ、ただ、受験のためだけに詰め込みの読書を強いられてきた子どもは10歳くらいで息切れしてしまいます。このような状況は読書の場だけでなく増えてきているように思います。成績の良し悪しで価値を判断され、またいつもパーフェクトを要求され自信をなくし、自分自身の存在すら肯定できない、これらの子どもにこそ、本当は読書の楽しさが必要なのです。

6．読書コミュニティと児童書専門店

学校図書館には古い本があふれ、保育所には予算措置がなく、子どもが使える公共読書施設も少なく、書店からも児童書の売り場面積が少なくなっています。しかし、家庭での読み聞かせの大切さや学校図書館に専任の人がいなければならないことなど、読書の大切さや、読書環境の充実の必要性は、早くから指摘されてきたことです。できるだけ子どもの身近なところに本があること、本の置いてある施設があること、読書ができる自由があること、そして、そのことを保障してくれる信頼できる大人がいること、これらの実現には、さまざまな立場の人たちがかかわり手をつなぐ必要があります。子どもを知る、本のことを知る、手渡す方法を知る、どれも一人でできるものではなく、研修を積む必要のあるものです。私はそのような場として「読書コミュニティ」をとらえたいと思います。

本屋は昔からたくさんの人、さまざまな人が集まる場所でした。ただ本を売り買いするだけでなく、情報を仕入れる場であり、作家に出会って話を聞くなど、いろいろな人との出会いの場でもあ

りました。それを引き継ぎ、子どもの本の専門店（本屋）は「読書コミュニティ」の役割の一翼を担うものと考えていきたいと思います。

2節　公共の場が本と子どもをつなぐ

1　変わってくる公共図書館の役割

田中共子（東京都杉並区立中央図書館司書）

東京都23区の中で、杉並区は一番西に位置するベッドタウンです。1年間におよそ三千人の赤ちゃんが誕生し、区内には区立だけでも44校の小学校があります。これらの子どもたちを含む利用者への図書館サービスは、２００６年1月現在、11の地域館と中央図書館のネットワークによって行なわれています。ここで生まれ、学び、育っていく子どもたちにとって、区立図書館が質の高いサービスを提供しているかどうかは、大きな問題です。もし、たくさんの本があるというだけの施設だと、子どもたちは自分がいるべき場所だと思えないでしょう。本のことをよく知っている親しみやすい図書館員が自分を迎えてくれるところなら、行ってみたくなるものです。

30年ほど前には、区立図書館の数も今の半分程度でした。区民の思いは「子どもが歩いて行けるところに図書館がほしい」「子どもにもっと本を読ませてあげたい」というものでした。図書館員の思いも同じです。いつでも読みたい時にすぐに本を手にすることができれば、子どもたちはたやすく本となかよくなれるのです。同じ区の住人でありながら、バスを乗り継がなければ来館できない子どももいます。図書館の本は書棚でじっと待っているのではなく、保育所、児童館、学校に貸し出され、子どもたちのもとへと届けられました。本だけではありません。図書館員もまた、機会があれば地域の催しに参加したり、小学校の教室を訪問して読書の楽しさを伝える活動をしました。

今では、曲がりなりにも杉並区立図書館は12館になり7つのコミュニティに2館ずつという14館構想に一歩近づきました。一見、本が身近になったかのように思えますが、子どもをめぐる状況や社会のあり様の変化によって、図書館は数の充実だけではなくサービスの質の面で新しい試みが求められています。

1．子育て支援と絵本――ブックスタート事業に取り組んで――

杉並区立図書館では0歳から利用カードをもつことができ、赤ちゃんのための絵本を用意しています。でも、赤ちゃんへの直接的なサービスについて具体的には考えられていませんでした。それは、図書館員の中に、絵本を楽しむことやお話会などで集中できるのは幼児からで、0歳、1歳の赤ちゃんには一対一で家族が絵本を見せてあげるのがよいという認識があったからのようです。それで、「赤ちゃんを連れてきても大丈夫ですよ」という雰囲気づくりや、育児関係の本が手に取りやすいレイアウトの工夫をするなど、赤ちゃんをともなって気楽に来館してもらおうとアピールすることのほかは、行なっていませんでした。その後、ブックスタートとの出会いによって、図書館における赤ちゃんへのサービスについて少しの変化が生まれました。

イギリスで始まったブックスタートが、日本に紹介されたのは、2000年の子ども読書年がきっかけでした。保護者と赤ちゃんが絵本を介して暖かいひとときをもつことをすすめるというブックスタートの理念が、区の課題でもあった「子育て支援」にとってプラスになると判断し、杉並区がパイロット・スタディに協力することになりました。ちょうどその頃、核家族、少子化などが進み、子育てをめぐってさまざまな悩みや問題を抱えるケースが増している状況があり、それに対して若い親たちをサポートする試みを模索していたのです。赤ちゃんを抱いて絵本を読んであげることや声をかけてあげることは、赤ちゃんにとって快いだけでなく、親にとっても、赤ちゃんとゆったりとふれあえるかけがえのない機会なのです。

パイロット・スタディの成果をみて、2003年からは本格的にブックスタートを実施することになりました。区内5か所の保健センターで実施する4か月検診の時に図書館員が出向いて、検診を終えた保護者と赤ちゃんに、ブックスタートのメッセージを伝えながらブックスタート・パックを手渡します。パックの中には、絵本が二冊、「あかちゃんのすきなものしってる?」というアドバイス集、子育てに関する相談窓口の案内、児童館、図書館、地域の家庭文庫の利用案内などが入っています。4か月児にとっては早すぎるように思いますが、95パーセントを上回る受診率を考えると、杉並区のすべての赤ちゃんの保護者に確実に手渡すにはこの時を逃がせません。一組ずつ対面式で行なうために、ボランティアの方たちの協力もお願いしています。ブックスタート事業のボランティアの仕事は、パックを手渡すだけではありません。布製の袋に絵本と印刷物を入れるパック詰めの作業もあります。どちらにかかわるにしても、赤ちゃんや若い両親との直接、間接のふれあいを心から楽しんでいます。

図書館員もまた、ブックスタートから多くのものを得ました。図書館の児童コーナーでも日々、赤ちゃんを見かけます。ベビーカーで寝ている姿、お母さんに抱かれて泣いていたり笑っていたり。わかってもわからなくてもお話会に参加しています。そんな様子を目にして可愛いとは思っても、乳児の月齢まで気にかけることはありませんでした。それが、保健センターで一度に何十人もの4か月児を目の前にし、じかに接することにより、乳児が示すさまざまな反応について体感することができたのです。実際に、初めの頃はこんなこともありました。お母さんに絵本を開いて「今はまだ早いかもしれませんが、あと3、4か月経って興味を示すようになったら、こんな風に読んであげてください」と話していると、抱かれている赤ちゃんが絵本を一生懸命見ようとしています。その様子に誰より驚いたのはお母さんでした。

また、ブックスタートを行なうようになってから、中央図書館も地域図書館も赤ちゃんの利用が増えました。泣くと迷惑になるので連れていけないと思っていた人も、そうではないことがわかったのです。図書館が変わらなくてはいけないこともありました。赤ちゃんと一緒に図書館へ来てくださいといいながら、エレベーターがない古い構造の施設もあって改善が急がれました。建物だけではなく、図書館員や一般の利用者の方たちの意識も変わるきっかけになりました。

2. 子どもと本の出会いをサポートするさまざまな仕掛け

子どもが本を好きになるきっかけは、一つのことではなく何気ない条件の積み重ねのような気がします。もし、その子が幼い頃から絵本であそんでもらい、身近な大人の本を読む姿を見て育ったとしたら、読書は特別なことではなく、読みたくなれば放っておいても本に手をのばします。先に紹介したブックスタートは、絵本を配布する運動ではありません。杉並区に生まれたすべての赤ちゃんが保護者からたくさん言葉をかけてもらうこと、絵本がその時間を作り出してくれることを絵本に託して手渡しているのです。これをきっかけに、幼児期を経て学齢に達するまで、折にふれて親子で絵本やお話を楽しんでくれることを期待しています。そのような下地があり、子どもの感性が耕されていると、やがて自分で本が読みたくなる気持ちが芽ばえる可能性があるのです。

子どもの読書環境を作っているのは家庭だけではありません。公共図書館もそのうちの一つです。

図書館は、本の好きな子の要求にこたえ、本から遠いところにいる子が本と出会えるように、さまざまな仕掛けをしています。児童向けのサービスとしてどこの図書館でもやっている定番のお話会や読み聞かせのほか、新しい試みの中からいくつかの事例を紹介します。

(1) お話会のもち方

児童サービスを行なっている図書館では、たいてい曜日や時間を決めて、読み聞かせやストーリーテリングなどの「お話会」を開いています。最近、「小学生の参加が少なくなって寂しい」「始まりの時間にならないと毎回聴き手の年齢がわからない」という声をよく聞きます。対象年齢を限定しないので、2歳から8歳くらいまでとかなり幅のある顔ぶれになるのです。

そこで、集まった子どもたちの顔を見てから内容を組み立てることになります。もちろん、あらかじめ大きな子が多い時バージョン、小さな子が多い時バージョンという準備は必要です。よほど経験のある人で、どのような状況にも落ち着いて対応できるのなら別ですが、そうではない人の場合、出たとこ勝負のプログラムになってしまいます。

お話会への参加が減少してきたり、幼児中心の時間になってしまう傾向に気づいたら、図書館側は新しいことを考える必要があります。これまでいくつか行なってみて効果があった方法を挙げてみます。

毎週同じ曜日にお話会を開いているなら、第一週をグリム童話、第二週を日本の昔話、第三週を海外の創作絵本、第四週を日本の創作絵本というように、一週ごとに担当者を決めて月に1回お話会を受けもちます。構成を考え、本やお話を選び、下読みや練習をします。年間少なくても12冊の本・紙芝居・ストーリーと出会うことになりますから勉強にもなります。同じタイトルの作品でも、出版社や訳者、画家によってそれぞれ持ち味が違いますから、その中から選び出すために実はもっと多くのお話と出会うことになるはずです。

グリム童話は、全集の中から語りやすい作品を選んだり、同じお話の中からホフマンやワッツなど個性的な画家による絵本を選び出したりするのが楽しくなるほど多様です。

日本の昔話は、日本ならではの季節感のあるものが少なくありません。「ゆきおんな」は、紙芝居にもなっていて（桜井信夫脚本／箕田源二郎絵、童心社）、ただ話すのとは違うおもしろ味があり、小学生には人気の作品です。

(2) 特別な催し

定例のお話会や子ども会のほかに、季節感のある年中行事を催します。子どもたちに図書館の存在を知ってもらい、これをきっかけとして彼らの生活の中に本と親しむ時間を作ってもらうことを目的としています。また、商業ベースに傾きがちな年中行事の意味を次の世代へ伝えるのも図書館の役目ではないでしょうか。いつも見かける子どもたちの中に新しい顔を見つけるのは本当にうれしいものです。子どもたちもまた、図書館員とのふれあいや年齢の違う友だちとのあそびを楽しんでいます。しかし、これをただちに利用者数に結びつけるのではなく、あくまでも子どもたちの「今」が充実したものであることを中心に考えています。

行事のもち方は、地域によってさまざまですが、杉並区の図書館では、7月7日の七夕が近づくと、竹飾りの準備をします。中央図書館は、敷地に生えている竹を切り出し、地域図書館は、近所の地主さんからいただくこともあります。たいていは、児童コーナーに固定し、短冊とペンを用意しておきます。大人と子どもが思い思いの願いごとを書くことも含めて七夕のイベントです。短冊の中には、クリスマスプレゼントのお願いと勘違いする子もいて、「ゲームソフトがもらえますように」「もっとおこづかいがほしい」というのもあります。入試の合格祈願や恋愛についてのお願いもあり、小学生といってもあなどれません。

クリスマスの行事も、今では日本の暮れの風物詩です。図書館でもクリスマスツリーを飾ります。かつては、敷地内の本物のもみの木を飾りつけたり、もみの木を植木屋さんからレンタルすることもありました。最近では、作りもののツリーを毎年箱から出して組み立てています。綿を雪に見立てて、緑のもみの木に広げ、あとは豆電球を飾るくらいにとどめると静かな雰囲気が出せるのですが、いつのまにかサンタさんへの願いごとを書いた紙や、折り紙の飾りが枝にひっかかっています。小学生に取り囲まれたクリスマスツリーは、なぜかにぎやかな七夕飾り風になっていきます。

いずれにしても、このような行事によって図書館が、親しみやすい楽しいところだということをわかってもらうことがねらいです。また、季節の行事のプログラムの中に、その行事にちなんだ本や紙芝居の紹介や、お話や読み聞かせを盛り込むなどのひと工夫で、次の活動につなげることができます。

(3) 子ども読書活動推進計画の中で生まれた大きな仕掛け―すぎなみ「本の帯」アイデア賞―

「杉並区子ども読書活動推進計画」というのは、「子どもの読書活動の推進に関する法律」の制定を受けて策定された計画であるため、このような堅苦しいネーミングになっています。しかし、中身は、これまで学校や図書館がやりたくてもやれなかったことがたくさん盛り込まれています。もちろん、ことあらためて宣言しなくとも各読書施設では子どもたちが本を読みたくなる環境づくりを日々追求しているわけですが。

この計画の具体的な取り組みが始まったのは、2004年からでした。計画に基づいて設置された子ども読書推進委員会では、すでに動き出している計画の進行を見守り、子どもの読書活動のための事業へのさまざまな意見が討議されます。その中で、子どもたちの自発的な読書を応援する仕掛けをめぐって活発な論議が交わされました。こうして誕生したのが「すぎなみ「本の帯」アイデア賞」です。自分が一番好きな本、友だちや家族に薦めたい本、そんなとっておきの一冊にかける「本の帯」を作ってみませんか――このよびかけに第1回（2004年）は200点以上、第2回（2005年）は800点あまりの作品が寄せられました（図4－3、4－4）。小・中学校に対し

図4-3　すぎなみ「本の帯」アイデア賞のよびかけ

図4-4　すぎなみ「本の帯」アイデア賞の応募作品（一部）

アンネのバラ
小さな物語集

て参加を依頼したところ、積極的な協力を得ることができました。日頃、児童、生徒の読書に関心をもって指導にあたっていた先生方にとっても、「本の帯」は興味深い素材だったようです。授業で取り上げられたり、休み中の課題にするなど、熱心に取り組んでいただきました。入賞作品は区役所のロビーに展示し、多くの人々に見てもらいました。

すぎなみ「本の帯」アイデア賞の審査委員会は作家、編集者、コピーライターで構成されています。審査の主眼は、「きちんとまとまっているかどうか」や「字や絵がうまいかどうか」ではありません。「この本が好きだ」「おもしろいから読んでみて」という思いがその本を手にした人に強く伝わってくるかどうかにあります。入選してもしなくても作品を作ることを楽しみ、本を読むことに喜びを感じた子どもたちがこんなにたくさんいたことに本当に感激しました（すぎなみ「本の帯」アイデア賞については、本シリーズ前作『本を通して世界と出会う』（秋田・庄司、２００５）に詳細が述べられています）。この賞のほかに、子どもたちに自己表現の場を提供し、創作活動を応援する試みとして、小さな本を刊行しました。「小さな物語を作ってみませんか」と図書館が作品の応募をつのったところ、みずみずしい作品が寄せられました。アンネ・フランクがオランダの隠れ家で夢のある童話をいくつも書いていることから、タイトルを『アンネのバラ　小さな物語集』（杉並区立中央図書館、２００６）としました。この本を通して、作者にとっても同世代の読者にとっても、文学が一歩身近なものになったのではないでしょうか。

3．図書館の館外サービスとブックトーク

小学生の生活のサイクルを左右するのは、なんと言っても学校です。家庭生活や地域の活動に重心が移るのは、学校の長期休みの時くらいです。もちろんその時期は図書館も力が入ります。休み中に挑戦してもらいたい読みごたえのある本の展示や、親子で楽しめる映画会や特別企画の催しを

準備します。それでも、区内に住む子どもたちの数を考えると、図書館が十分利用されているとはいえません。あそびに勉強に図書館をもっともっと活用してもらいたいのです。そこで区立図書館では、利用者が来館して受けるサービスのほか、大勢の子どもたちが本と出会える施設（小・中学校、児童館、保育所など）とも連携して図書館サービスを展開しています。

特に小・中学校に対しては、次のようなことを行なっています。

① 保護者、担任、児童・生徒、または図書館員が事前に選んだ本を定期的に届ける「団体貸し出し」。

② 担任から事前にテーマ、日時、利用人数などの連絡を受け、学習のスペースや資料の用意をする「グループ学習のサポート」。

③ 図書館員が学校を訪問し、図書館の利用案内やブックトークなどをする「学級訪問」。

などです。学級訪問をして子どもたちと交流するのは、図書館員にとっても楽しく意義のあることです。中でも子どもたちの本への興味を広げ、本への関心を深めるために行なうブックトークはやりがいのある仕事です。次に、図書館員が小学校二年生のクラスで行なった事例を紹介します。

五月に行なった時のテーマは、バードウィークにちなんで鳥の本でした。『かもとりごんべえ』『ききみみずきん』などの日本の昔話。ハウフの『こうのとりになった王さま』、アンデルセンの『ナイチンゲール』など外国の物語。このほか『鳥の巣の本』（鈴木まもる、岩波書店）『カッコウの子育て作戦』（松田喬・内田博、あかね書房）などの科学の本。この中で、『かもとりごんべえ』（大石夏文／長新太絵、偕成社）の絵本を読み聞かせし、紙芝居の『こうのとりになった王さま』（ヴィルヘルム・ハウフ原作／高木あきこ脚本／うすいしゅん絵、教育画劇）を上下とも見せました。『鳥の巣の本』は中の図を見せながら紹介しました。このように物語と科学の本をとりまぜることによって、一人ひとりの子どもの新しい興味を引き出し、本の世界を広げることができます。

また本を紹介する合間に、子どもたちが学校や街で見かけるカラスが夜になるとどこに帰るのかなどの話をしました。子どもたちにも聞くだけでなくひとことずつでも話をする機会を与えます。一時限（45分）のあいだ集中してもらうのに、このような工夫が必要です。「みなさんが知っている

かもとりごんべえ

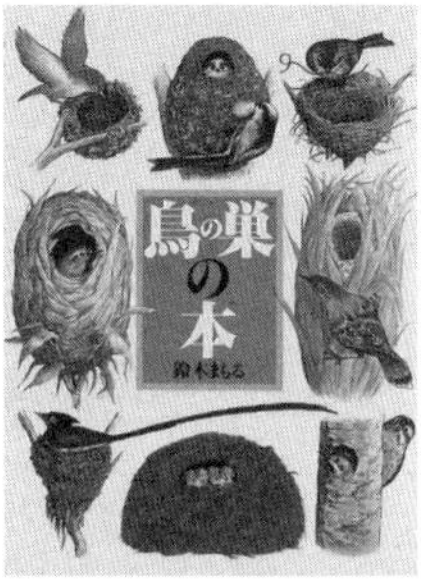

鳥の巣の本

カッコウの子育て作戦

鳥の名前を言ってください」という質問に順番に答えてもらいました。「スズメ」「ハト」「カラス」と身近な鳥の名前が出たあとで、「ダチョウ」「ペリカン」「ペンギン」「コンドル」「ハゲタカ」「ツバメ」などが続きます。途中で何回も「スズメ」「カラス」が出てきます。そこで「木に穴を開ける鳥やおいしい卵を産む鳥は？」というヒントを出します。中に「小鳥」と答えた子がいました。みんなが笑い出す前に「体が小さい鳥は赤ちゃん鳥でなくても小鳥とよびますね」と解説をつけます。そろそろ出つくしたころ「ピーちゃん」と答えた女の子がいました。すかさず「鳥の種類を言うんだよ」と男の子が注意しました。「ピーちゃんはあなたが飼っている鳥ですか？」と聞くと、「うちのブンチョウ」とのこと。このあとブンチョウの話で、クラス中が盛り上がりました。

この日、二年生にもなるとたくさんの知識があるのだということがわかりました。幼さの残る子も決して内容を理解していないというわけではありません。ブックトークはただ本の紹介をするだけではなく、子どもたちとのコミュニケーションを通して図書館員もまた新しい発見をする機会なのです。

2 患者図書館での子どもと本

菊池　佑（日本病院患者図書館協会会長）

1．はじめに

本は知識を得るため、教養を深めるため、そして娯楽のために読まれることに異論はないと思います。それに加え、読書の第四の機能として「心の治療」があることも人類は早くから気づいていました。

読書の治療的価値（Therapeutic value of reading）を医療サービスに取り入れたのが患者図書館の始まりです。ヨーロッパでは病院内での読書活動は中世に始まり、今日では図書館司書担当の患者図書館が多く見られます。一方、日本では患者図書館の普及率は低い状態が続いています。

本は悩み病む人の心の強壮剤や精神安定剤になり、そして時には睡眠薬の代わりにもなります。この確信があるからこそ世界の病院の中に読書環境が整備されていったのです。入院患者の中には子どもも含まれるので当然のこととして児童書も数多く備えられて貸し出しだけでなく読み聞かせなども行なわれています。つまり、病院の中にも読書文化があるのです。

2. 入院児の読書活動

子どもの読書に私がかかわる契機は病院患者図書館の研究と運動です。1970年代から1980年代は地域社会で文庫活動がさかんになり、健康な子どもたちは日常生活の中で読書を楽しんでいる一方で、病院内にいる子どもたちは読書の楽しみから縁遠い状態に置かれていました。

ひとくちに入院児といっても、年齢は0歳から中学生まで、入院期間も短期入院から長期入院、入退院をくり返す子ども、病院で生涯を閉じる者など実に多種多様です。したがって小児病棟は一つの子ども集団であり社会の縮図ともいえます。日々成長を続ける入院児たちに読書の楽しさやすばらしさを経験してほしいと願い、私は会を作り読書ボランティア活動を開始し今日まで続けてきました。

3. 本は心の栄養・薬・お菓子

私は入院児のための読書活動を始めるにあたって、患者図書館の研究で視察した、アメリカ、イギリス、スウェーデンの小児病院や小児病棟で行われていた、司書による図書館サービスを必ず含めるように努めました。入院児の読書傾向は、公共図書館の児童室に来る子どもに比べて軽い読み物、短い読み物を好む、というのが3国の病院の共通点でした。その理由は、病気による体力低下や薬の副作用などで集中力が弱まっている子どもが多いためということでした。

それから入院児のもう一つの特徴としては、本の楽しさを体験したことがない子どもが少なくないことです。したがって、読書習慣がいまだ身についてない子どもたちに本の楽しさ・物語のおもしろさを体験してもらうことが読書ボランティアの重要な任務となります。そして本好きな子どもが増えればその子どもたちは退院後は学校図書館や公共図書館の常連客となると予想できます。

「本は心の栄養」とか「本は心の薬」などといわれることがあります。私はこれらに「本は心のお菓子」をつけ加えたいと思います。食べ物の場合、栄養たっぷりのくどい食事の後に、さっぱりしたシャーベットなどのデザートはうれしいものです。また胃腸が疲れた時には軽食ですませたいことがあります。

本に縁遠かった子どもにはまず本はおもしろいものだという体験が必要です。子どもが気軽に読書に入れるような本もまた必要なことです。そういうわけで、「怪傑ゾロリ」（原ゆたか、ポプラ社）や「アンパンマン」（やなせたかし、フレーベル館）などのシリーズも入院児は楽しんでおります。

4．病院での紙芝居――紙芝居の役割――

入院している子どもたちは紙芝居が大好きであり、とにかく楽しみます。お話が好きなのです。その理由としては次のことが考えらます。①病院は家族や友だちから切り離され拘束された空間で非日常の世界であること、②病院では自由時間があり退屈していること、③寂しさや辛さなどのストレスがあること、④紙芝居がプレイルームでみんなで一緒に楽しむ共感の時間であること、⑤紙芝居はいつでも手軽に見ることができること、⑥紙芝居は緊張感を和らげ親和関係を作ることができること、などです。

病室で初対面の場合に、子どもの近くで読み聞かせを始めると、子どもは見知らぬ人に対して緊張し体をこわばらせることがよくあります。こういう場合、少し離れた位置からお話をするには紙芝居が適しています。いわゆる人間関係における「心地良い距離感」というものに配慮する必要があります。緊張が強い子どもに対しては、紙芝居の絵で読み手の顔を隠し、読み手の存在感を消すことも必要な工夫です。うまくいけば、緊張した子どもはいつのまにか絵とお話の世界に入り込み、楽しみながら自然に緊張から開放されていくのがわかります。そして距離感を縮めていき、おしゃべりした後で読み聞かせへと発展するのです。

プレイルームで紙芝居を見る子どもたちは通常は3歳から11歳ぐらいですが、時には2歳から中学生、そして面会に来た家族、それに付き添いの母親も混じり、その年齢の幅の広さにいつでも対応できるよう紙芝居担当者はふだんから研究とリハーサルをくり返して準備を怠らないようにしています。

入院前は本やお話に縁がなかった子どもは紙芝居を何度も楽しんでいるうちにお話を聞く態度が

できあがり、次に本を読むことに興味を示すようになります。また本好きな子どもは紙芝居も当然のこととして楽しんでいます。

5. 病院での読み聞かせ

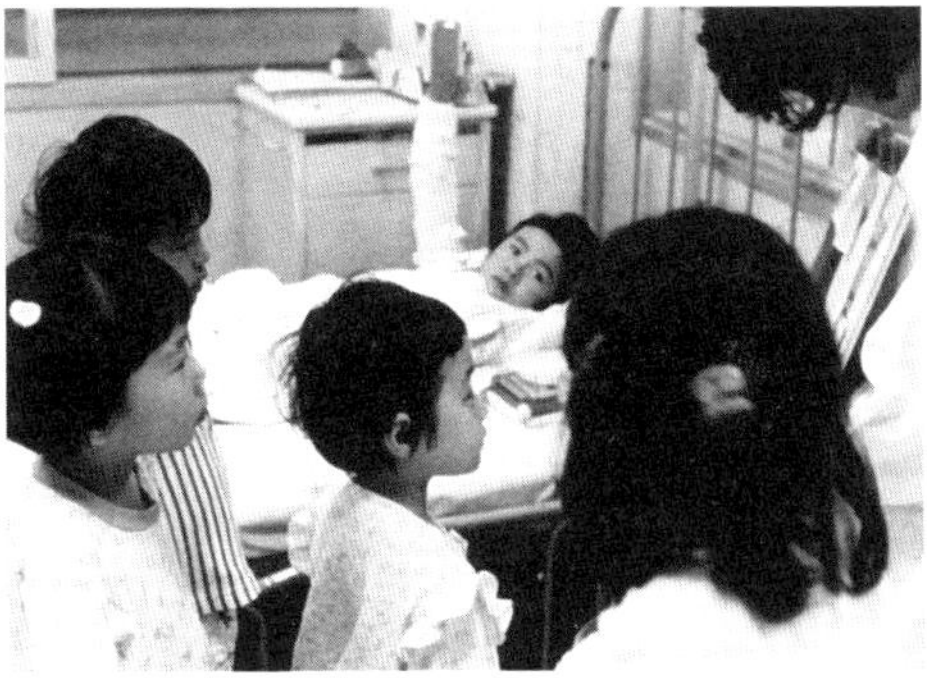

図4-5　入院児への読み聞かせ

「読む―読んでもらう」の関係も愛情の一つと考えられます。物語の世界の共有と心の交流は子どもの情緒面の成長によい影響を与えることは言うまでもありません。このような意味で、人間的ふれあいが希薄になったといわれる現代社会では読み聞かせはますます重要になっています。

読み聞かせには前提条件があります。見ず知らずの大人にいきなり至近距離で本を読まれると特に小さい子どもは恐怖心や緊張感に圧倒され耳を傾けるどころではないのです。ですからプレイルームにいきなり連れて行かれてお話を楽しめといわれても子どもは困ってしまいます。

つまり、読み聞かせが成立するためには子どもと読み手との「親和関係」が前提となります。信用できる人にならば子どもは安心して耳を傾けるのです。誰に対しても警戒心がなく愛想よく受け入れてくれる子どもがいる一方で、病院では寂しくて泣いていたり心を閉ざしたり、ひねたりしている子どももいます。こういう子どもの場合、まず安心させなかよくなることが必要です。

また手や足を吊ってベッドに寝たきりの子どももいます。こういう子どもにもいきなりすぐそばに行って読み聞かせすることはせずに、子どもの気持ちと都合を聞いてから始めるべきです。

以上のことを配慮して私はグループのメンバーたちと読み聞かせを長年続けてきました。

6. 入院児に対する読書計画

親元を遠く離れ、面会のない男児が長期入院で早4か月経っていました。病院側の話では退院はかなり先になるというので入院中に本の楽しさを体験し読書を満喫してほしいと思い、読書計画をたてることにしました。

◎入院以来の彼の行動や態度（初見時、男児4歳10か月）

本にはほとんど興味がない。大きな声で話をしたかと思うと、急に他のことに関心が移る。廊下を歩くのも早い。ひとことでいえば落ち着きがない。一つのことに長く集中できない。これも個性だと思って尊重し、長い目で見守ろうともしてきたが、こうも入院が長びくと、時間がもったいない気がしてくる。せっかくの機会なので、親がこれまでやらなかったことを私がしようと決心。

◎読書計画で配慮すべき点
①　決して押しつけるのではなく、自然に興味をもつようにする
②　毎回、少しずつ本を一緒に楽しむ
③　飽きたらすぐやめる
④　本に関心を示さない日があってもよい
⑤　長期戦で臨む

第1週目（男児5歳2か月）　半分遊べる楽しい絵本を選ぶ。『とこちゃんはどこ』（松岡享子作／かこさとし絵、福音館書店）の文章を読み始めるが、それを聞かないで自分勝手に先へ先へと進む。

男児には読み聞かせの体験がほとんどないらしい。聞く態度ができていない。そこで、本文を読むのをやめて男児のペースで、もっぱら主人公のとこちゃんを一緒に絵の中から探すことにする。見つけたらほめる。終わったら、男児は「おもしろい本、もっとある?」と言った。興味を示し始めた様子。

次に『てぶくろ』（ウクライナ民話／エウゲーニ・ラチョフ絵／うちだりさこ訳、福音館書店）を読む。やはり先へ先へと進みたがるが、この絵本の文は短かいので、ほぼ彼のペースと同じになる。「もっと、見たい」と言う。

3冊目は『おおきなかぶ』（A・トルストイ再話／内田莉莎子訳／佐藤忠良絵、福音館書店）は、「うんとこしょどっこいしょ」のくり返しが多い。読み進むうちに目つきが真剣になる。最後の、大きなかぶが抜けるところは、目を大きく見開き、「うわあ、ずいぶん大きい」と、驚きの声。「もっと、見たい」と言う。しかし、今日はここまでにし、次回に期待をもたせる。

男児は「今度来る時もおもしろい本読んでね」と予約。

以上、第一回目は成功。

第2週目　私が現われると、「あっ、今日もおもしろい本、読んで」と大きな声。『とこちゃんはどこ』を

最初に見る。はりきって探し始めた。『あんぱんまんとばいきんまん』『あんぱんまんとごりらまん』（やなせたかし、フレーベル館）を見る。まだ、こちらが読み終わるのを待たずに先へ先へと進む。『三びきのやぎのがらがらどん』（北欧民話／マーシャ・ブラウン絵／せたていじ訳、福音館書店）で、少し飽きてきたようなのでこれでやめる。「また、今度来た時に見ようね」と言うと、「うん」とうなづく。第二回目も成功。

第3回目　今日も『とこちゃんはどこ』を真っ先に求めた。次に、『てぶくろ』で、「てぶくろはとうとうギューギューづめになりました」と聞いて、「キリンは入れるかな？」と言う。ここまでで、ずいぶん本の世界に入れるようになってきた。「アンパンマン」になると飽きてきたので、今日は3冊で切り上げる。

なお、今日私が彼のベットサイドに半腰になって立って読もうとしたら、「イスに座ったほうがいいよ」と言って窓際に行って折り畳みイスを持ってきてくれた。優しい心も育っている。

第4週目　彼の病室に行くと、今日は同室の中学2年の男子に絵本を読んでもらっているところであった。完全に本の楽しさを知ってしまったらしい。こんなに順調にいくとは思わなかった。今日は紙飛行機を飛ばしたりして一緒に遊ぶ。精神状態が安定し表情が生き生きしている。

第5週目　見たい絵本を自分のブックワゴンから選んだ。『とこちゃんはどこ』は、もう何度も見たので主人公を探すのが早く、あっというまに最後のページになった。

『おおきなかぶ』と『てぶくろ』は読み手のペースに歩調を合わせるようになった。

第6週目　またまた『とこちゃんはどこ』の本を最初に求めた。絵本の世界に入るための入り口となる本なのか、ウォーミングアップ用の本となっているのか、必ず最初に手に取る。『おおきなかぶ』では、かぶの抜けるページで目を丸くして見ている。

今日は『おばけのバーバパパ』（アネット・チゾン、タラス・ティラー作・絵／やましたはるお訳、偕成社）の本と『ぐりとぐら』（なかがわりえこ作／おおむらゆりこ絵，福音館書店）を新たに加えてみる。

　読み手にだいぶ耳を傾けるようになってきた。集中力と持続力がでてきた。

第7週目　自分のお気に入りの本が決まった。今日は，自分で読むと言い出した。『おおきなかぶ』を，たどたどしいながらも音読する。

　この頃の彼の行動に微妙な変化が感じられる。次から次へと目まぐるしく行動内容が変わるというようなことはあまり見られなくなる。もうすぐ6歳になるからかもしれない。

第8週目　退院していた。「退院するよ」とのひとこともなく突然の退院に驚きと寂しさが一瞬よぎる。しかし，退院はめでたいことだ。よかったと思う。家で絵本の読み聞かせを親に求めていることであろう。子どもの求めにきちんとこたえてほしい。本嫌いにさせないでほしいと願わずにはいられない。


　以上が週1回のペースで行なった5歳男児への7回（約2か月間）の読み聞かせ記録です。退院後の読書環境もまた非常に大事ですので退院後の生活が気になりました。

　ところが3か月後，彼はまた入院してきたのです。男児が5歳7か月の頃です。最初は大部屋にいましたが，やがて個室に入りました。すでに読書の楽しみを味わっていたので個室でも読み聞かせをできる限りしました。ブックワゴンから本を自分で選び借りるようになりました。読み聞かせの味をしめたらしく，自分のお気に入りの本を何度も読まされいささか閉口しましたが，本を楽しんでくれるのはこちらの本望です。とりわけ何度も借りて大事にしている絵本がありました。それは『わすれられないおくりもの』（スーザン・バーレイ作・絵／小川仁央訳，評論社）です。よほど気に入った

わすれられないおくりもの

らしく私にも読んでくれました。

2回目の入院から約2年が経ったある日、いつものように彼の個室の前まで行くと名札がありません。室内は空っぽで今度こそ退院したと思いうれしくなりました。ところが亡くなったという予想もしないことに私は驚き言葉を失いました。悲しみが込み上げてくるとともにこれまでの彼の4歳から7歳までのことが走馬灯のように駆けめぐりました。家庭のぬくもりに恵まれず、面会もなく、4、5歳の頃はいつも荒れていました。6歳から少し落ち着きを見せ、本を楽しむようになってきました。

7歳になると小学一年生になり、病室の壁にランドセルがいつも掛けてあり「早く学校に行けるといいね」と話したものです。短い人生ではありましたが、健康な子どもと同じように教育・文化にふれる生活、ＱＯＬ（Quality of Life）つまり生命の質・生活の質の向上に私たちは努力しました。

7．入院児に対する読書活動の必要性

入院児の読書は基本的には健康児と変わりはないのですが、小児病棟・病院という見知らぬ環境での制約された生活は子どもたちの心身によからぬ影響を与えているということは十分考えられま

す。入院は基本的には家族や友だちから切り離された状態です。親の付き添いを必要とする難病や長期入院の子どももまた病棟という狭い空間に閉じ込められた生活を強いられています。行動範囲と住む世界は狭小であっても、想像力は無限に広大である本の世界の中で、時空を超えて行き交いさまざまな体験を可能にします。そういう意味で、行動を極端に制限されている入院児だからこそなおさら本やお話が必要であるといえます。

8．おわりに

１９７０年代から今日まで、小児病棟で多くの子どもたちに出会ってきました。70年代から80年代は本の世界に素直に入れる子どもたちが多く見られましたが、90年代に入り、ベッドの上でテレビゲームに夢中になる男児がめだってきました。

そして、２０００年代に入り、子どもたちが本の世界に再び戻ってきたことを実感しています。これからも子どもたちと本の世界を共有していきたいと思います。

3節　すべての子どものための読書コミュニティづくり

秋田喜代美（東京大学大学院教授）

1　子どもと読書を知るという専門的見識

本節では、児童図書専門書店、公共図書館、そして病院患者図書館でそれぞれ子どもに本を紹介し、手渡す仕事にたずさわっておられる阿部さん、田中さん、菊池さんがご執筆くださいました。まず、このお三方に共通している点を、本を手渡すための人・もの・ことという視点から考えてみたいと思います。

2節1で田中さんが、「たくさんの本があるというだけの施設ではなく、本のことをよく知っている親しみやすい図書館員が自分を迎えてくれる」と書かれているように、本についての専門的見識のある人が子どもに、また子どもとかかわる大人（親や教師、図書館司書）に、あるいは子どもの本が読みたいという人それぞれに、その人のニーズに合った本を手渡すことの重要性を語ってくださっています。万人にとってよい本というのではなく、個々人のサイズや好みに合う洋服があるように、たとえできあがっていてもすそあげや幅だしなどの寸法等を微妙に調整するように、その人に合わせて仕立てていくこと，あるいはその知識を十分にもっていることが重要なことがよくわかります。そしてそのために膨大な児童書に関する知識をストックし，また連絡会等の場でその情報交換をされることによって，見識がさらに深まっていくことがわかります。紹介者の方もまた一人では日々刷新される本の情報についていくことができず，そのために本についてよく知っている専門家は本についての学びの専門家ともなっているわけです。

そして阿部さんがどんな様子で本を選んでいくかを整理してくださっていますが，個々の興味関心だけではなく，子どものプライドを考慮し，バランスを調合してあげることが大事であり，それを専門的見識で行なってくださっていることがわかります。2節2で菊池さんのたてられた読書計画を読ませていただくと，その子のこれまでの読書経験を踏まえて本との出会いを準備することが，子どもを本の世界へといざなうことがいかに重要かが伝わってきます。子どものこれまでの経験と子どもが育ちの中でもっている自尊心や心情を重視すること，つまり子ども向けの本の内容についてよく知っている専門家であるだけではなく，本をめぐる子どもの心の機微，経験や発達が見えていることが，本を手渡す場におられる専門家の方々の仕事であることがよくわかります。

それは一般の大人が子どもの読書について知っていたり，思っていること以上の深いものであるといえます。1章で親が読書に期待することが読解力をつけることや知識であるのに対し，子どもは読書のおもしろさを求めているということを指摘しましたが，それは本を選ぶ行動にも現れていることがよくわかります。阿部さんが指摘されている、子どものほしい本と親が買い与えたい本には微妙にズレがあるという指摘は、あらためて親が考えてみる必要があることだと思います。大人は一度読んだことのある本を買うのはむだで、せっかくお金を出すのだから読んだことのない本を読むようにいう、という指摘は、子どもはいかにして読書の経験を積み親しんでいくのか、読みが深まる経験とはどのようなことを考えるのに重要なことだと思います。

また友だちとの間で話題となる本を求める気持ちが、本を読むことに必ずしもつながるわけではないという指摘も重要です。「人と同じものを持っていたい」という要求から生まれる本を持つという行為と、実際にその本を読むという行為の間のギャップもそうでしょう。読書の動機が、本の内容それ自体との出会いであることが大事です。買い与えてあげることも重要ですが、所有すれば読むということではないことへの示唆ともなるでしょう。本の内容との出会いは、子どもがじっくり本選びをできることの大切さにもつながってくるように思います。ゆっくり選ぶという行為には、直感的な出会いや本の顔である表紙や目次とその子どもとの出会いが含まれます。その出会いの経験を、本のある場で丁寧に保証してあげることが必要で、大人が適切と思われる本を効率的に与えることや、一方的に薦めて与えるものではないことがよくわかります。

田中さんが、本を好きになるきっかけは、一つのことではなく何気ない条件の積み重ねであり、読みたくなれば放っておいても本に手をのばす、という指摘は、じっくりさまざまな条件や経験を積み重ね、醸成していくことの必要性を示唆しているともいえるでしょう。本を子どもに手渡す専門家たちは、この点を指摘していると思います。そしてそのために、さまざまな形での本との出会いの機会を設けておられることがわかります。赤ちゃんのブックスタートから始まり、乳幼児や児童、生徒とそれぞれの発達に応じた本との出会いを提供し、四季の季節感を感じる読書行事を設けることで図書館に親しみを感じさせ、居場所をつくり、暮らしと本をつなげる機会を提供されています。そして図書館が中心になって、本の帯アイデア賞のような催しを企画され、区の学校を超えて本を紹介し合う文化を創り出されています。おそらく、どの地域の書店や図書館でも、このようなさまざまな取り組みが行なわれているでしょう。これらさまざまなことを子どもに経験させていくことが、長期的にみて読書だけではなく、読書生活そして読書文化へと子どもをいざなっていくことになっているのです。

2 「すべての子どもの読書へ」と越境する読書コミュニティ

阿部さんの、子どもが外に出なくなって子どもだけで書店にくることが減少したという指摘は、子どもの安全性が保証されていく一方で、子どもが地域でさまざまな本をめぐる経験をする機会が奪われていっていることをも示しています。

そこで一つには、子どもの本を扱う書店や図書館と、子どもがいる場としての家庭や学校との間をつなぐ大人の役割が重要になってきているともいえます。教師や図書館司書、読書ボランティアの読書活動にかかわるサポーターとして、書店や公共図書館が支えている役割は今後ますます大きくなっていくでしょう。

また本のある場にいる人が、その境界を越える活動を始めておられることもよくわかります。書店員である阿部さんの、近くの保育園へ出かけてのお話会、公共図書館での館外サービスや小学校への学級訪問などです。本と本を手渡す人が、本のある建物という物理的場を越境し、そのサービスを拡張されているのです。書店や図書館に行くのは、近くに住んでいたり、本への興味関心が高い人に限られます。それに対して、この越境によって生まれていることは、本を手渡す専門家が出かけていくことで、本にふれる機会の少ない人に対してもその機会を与え、読書コミュニティをつくろうという動きです。学校のよさはすべての子どもが本と出会う機会をもてる点にあります。パイロット地区となった杉並区から始まったブックスタートも、絵本を見て対話をする経験をすべての親子に、ということでした。生涯にわたってすべての子どもが成長の過程で読書の経験ができるようにすることが、これからの読書コミュニティの理念となっていくでしょう。

そしてその理念は、時には学校に来られない病気の子どもたちへのサービスも含みます。菊池さんが拓いてこられた病院患者図書館の理念、そして入院児へのボランティアサービスの意味はきわめて大きいと思われます。これまで病気になることは、日常の暮らしとは切り離されることであり、本の世界とも隔離されていました。その中にボランティアの意思と手によって、本の世界が越境し、意味づけられてきていることはたいへん大きな意義があると思います。

個々の入院児と読書をつなぐ菊池さんの文章からも、多くのことが伝えられています。「読む―読んでもらう」の関係は、愛情の関係であり、親和関係がその前提となっているということです。信頼の絆が子どもの読みたいという気持ちを生み出していくことは、病院に限ったことではありません。しかし、そのことが、この病院での経験から深く物語られています。病院で家族と離れ長期入院している男の子が菊池さんとしだいに絆をつむいでいく姿が、この記録からはよくわかります。話を聞かずに自分だけで絵を見ていた子が「おもしろい本、もっとある？」と本を介して心を開き始め、「今度も読んでね」と期待し、さらには、「椅子に座ったほうがいいよ」と、やさしい配慮を読み手である菊池さんにするようになっていく姿です。そして自分でも読み始める姿には人の絆が本への道を開いていったことを示しています。本の文化にふれることがその子どもの生きる生命の質、生活の質を豊かなものにし、心を豊かにしているのだと教えられます。読書は、時空を超えていきかう想像力をはぐくみ、実際には身動きができない状況であってもその人の心を想像の世界に解放してくれます。

病院にいる子どもたちへの本のサービスは、今後もさらに広がっていく必要があるでしょう。私が子ども読書推進協議会でかかわらせていただいている東京都新宿区には、多くの病院があります。この地域の特色を生かして、読書推進活動の一環として、2006年度から、区内の病院に長期入院している子どもたちへの児童図書配本サービスが始まりました。菊池さんが長年やってこられたような、きめ細かな個々の子どもたちへの対応もまたこれからさらに広がっていくと思います。

読書は私たちが今ここで生きる現実の時空を越え、想像や可能性を広げることを可能にしてくれます。その経験をすべての子どもたちに、と考える人たちは、本が「あるべき場所」として制度が決めてきたおのおののテリトリーという空間の境を越え、絆と心を広げる活動を拡張しています。そして、より多くの子どもたちの心に届く読書へといざない、ともに読む楽しみを分かち合っているといえるでしょう。書店や図書館など自分の所属する組織の中で個々が自分のできることを引き受けながらも、その制約にしばられることなく、さまざまな境を越え交流し合うことで、地域の子どもの心を耕し、相互に響き合う読書活動をつくっています。地域の中で読書という文化を耕し、そこに次の世代の読書への種をまき、培っていくこの姿が、読書コミュニティであると思います。

あとがき

子どもたちに読書をしてもらいたいという考えのもと、その実践に向けてさまざまな形で行動しておられる人たちが多くおられます。その人たちはそれぞれの立場で、実際に子どもたちとかかわることによって、どのような経験をされているのでしょうか。読書コミュニティという理念のもと、その経験を物語っていただくことによって、これからの子どもの読書への展望を一緒に考えたい――そのようなねらいから、この本が編まれました。暮らしの中のさまざまな場で、児童期の子どもとともに行なわれている「読書をつないでいく歩み」を記録することによって、その方向性や経験の共有を目に見える形にしています。このように、執筆者の方々の見識に裏打ちされた経験の集積によって、この本は生まれました。具体的な図書紹介や読書指導の方法とは異なる、これまでにあまり類のない、子どもの読書経験をどのように大人たちがつくっていくのかを考える本ができたことを、編者としてありがたく思っています。ただし紙幅の都合で、それぞれの執筆者の方がおもちの豊かな経験の、本当にごく一部しか紹介することはできませんでしたことを編者の一人として、お詫び申し上げたいと思います。

子どもの読書推進の大きなうねりが生まれてきています。しかしその一方で、学習に追われて本を読むことにエネルギーを注ぐことができない子、ゲーム等に目が向き本を読むエネルギーが満たせない子、子どもの安全が叫ばれる中、自由に地域の書店や図書館に行く機会を奪われてしまった子どもの姿があります。本は人の心を癒し、開放し、時空を超えて実際には目には見えないものを想像世界の中に映し出し、未知の可能性を感じさせてくれます。それによって生活の質を豊かにし、命に力を与えてくれます。と同時に、それは大人についても人の心を開放することで、人と人の絆や信頼をつくり出してくれるといえるでしょう。地域の読書コミュニティを考える時に、この本がそのための一助になれば幸いです。

本にかかわるさまざまな立場の方がこの本を読んでくださり、子どもの読書について考える時の一つの地図になればありがたく思います。地図を眺め、あれこれ考えることはできますが、本当の旅は、その道を歩む一歩一歩によって生まれます。この本を通して読書コミュニティへの活動の一歩が、いろいろな地域で、いろいろな場で生まれることを願ってやみません。

最後になりましたが、本シリーズの企画編集に誠意をもって尽力してくださった、北大路書房の北川芳美さんと関一明社長に、心より御礼感謝申し上げます。

平成18年7月

編者を代表して　秋田　喜代美

引用・参考文献

第1部

1章

秋田喜代美　1998 a　読書の発達心理学――子どもの発達と読書環境　国土社

秋田喜代美　1998 b　読書の発達過程――読書に関わる認知的要因・社会的要因の心理学的検討　風間書房

秋田喜代美　2005　読書コミュニティのデザイン原理　秋田喜代美・庄司一幸（編）本を通して世界と出会う――中高生からの読書コミュニティづくり　北大路書房　Pp. 34-44.

ハーウィン・オラム／きたむらさとし（訳）　1996　やねうら　評論社

椋　鳩十　1983　心に炎を――読書論（椋鳩十の本　第25巻）　理論社　p. 98.

文部科学省　2004　親と子の読書活動等に関する調査（平成16年度）　財団法人日本経済研究所　http://www.mext.go.jp/a_menu/shougai/tosho/houkoku/05111601.htm

第2部

2章

赤木かん子　1987　赤木かん子〈Book〉術　子供の本がいちばん！　晶文社

秋田喜代美・庄司一幸（編）　2005　本を通して世界と出会う――中高生からの読書コミュニティづくり　北大路書房

チクセントミハイ、M.／今村浩明（訳）　2001　楽しみの社会学　新思索社

デューイ、J.／市村尚久（訳）　2004　経験と教育　講談社

延藤康裕　2001　「まち育て」を育む――対話と協働のデザイン　東京大学出版会

井上一郎（編）　2005　ブックウォークで子どもが変わる　明治図書出版

児童図書館研究会（編）　1958　年鑑こどもの図書館　児童図書館研究会

児童図書館研究会（編）　1969　年報こどもの図書館　日本図書館協会

児童図書館研究会（編）　1975　年報こどもの図書館　日本図書館協会

児童図書館研究会（編）　1981　年報こどもの図書館　日本図書館協会

ケストナー、E.／高橋健二（訳）　1980　わたしが子どもだったころ　岩波書店　Pp. 111-112.

岸　裕司　1999　学校を基地にお父さんのまちづくり――元気コミュニティ！秋津　太郎次郎社

岸　裕司　2003　「地域暮らし」宣言――学校はコミュニティ・アート！　太郎次郎社

岸　祐治　2005a　「スクール・コミュニティ」を創ろう　池上洋通・荒井文昭・安藤聡彦・朝岡幸彦（編）　2005　市民立学校をつくる教育ガバナンス　大月書店　Pp. 81-124.

岸　裕司　2005b　中高年パワーが学校とまちをつくる　岩波書店
教育科学研究会（編）　2005　なぜフィンランドの子どもたちは「学力」が高いか　国土社
レップマン、J.／森本真実（訳）　2002　子どもの本は世界の架け橋　こぐま社
メルヴィ、W., マルック、T., リトバ、K.／北川達夫・フィンランド・メソッド普及会（編訳）　2005　フィンランド国語教科書　経済界
日本図書館協会（編）　1972　地域家庭文庫の現状と課題　文庫づくり運動調査委員会報告
レイ、M., レイ、H. A.／福元友美子（訳）　おさるのジョージとしょかんへいく　岩波書店
サルト、M.／宇野和美（訳）　2001　読書へのアニマシオン――75の作戦　柏書房
「すぎなみ文庫の十五年」編集委員会（編）　1993　すぎなみ文庫の十五年　杉並区立中央図書館
杉並文庫・サークル連絡会（編）　2005　すぎなみ文庫のあゆみ　1993～2004――杉並子ども読書推進計画によせて
全国子ども文庫調査実行委員会（編）　1995　子どもの豊かさを求めて　3　全国子ども文庫調査報告書　日本図書館協会

3章（インタビュー）
ベッテルハイム、B.／波多野完治・乾侑美子（訳）　1980　昔話の魔力　評論社
ボールディング、E.／松岡享子（訳）　1988　子どもが孤独でいる時間　こぐま社
文学教育研究者集団　2004　ケストナー文学への探検地図――「飛ぶ教室」／「動物会議」の世界へ　こうち書房
ホリンデール、P.／猪熊葉子（訳）　2002　子どもと大人が出会う場所――本のなかの「子ども性」を探る　柏書房
今森光彦　かがくのとも　だれだかわかるかい？――むしのかお　福音館書店
石谷敬太（編）　石谷尚子（訳）　2002　ママ・カクマ――自由へのはるかなる旅　評論社
レオ・レオニ／谷川俊太郎（訳）　1986　スイミー――ちいさなかしこいさかなのはなし　好学社
村中李衣　1997　絵本を読みあうということ――「読書療法」の向こう側とこちら側　ぶどう社
村中李衣　1998　読書療法から読みあいへ――〈場〉としての絵本　教育出版
村中李衣　2005　絵本の読みあいからみえてくるもの　ぶどう社
日本国連HCR協会ボランティア・絵本プロジェクトチーム　日本国連HCR協会（監修）2005　ほんのすこしの勇気から――難民のオレアちゃんがおしえてくれたこと　求龍堂
坂部　恵　1983　「ふれる」ことの哲学――人称的世界とその根底　岩波書店

4章
秋田喜代美・庄司一幸（編）　2005　本を通して世界と出会う――中高生からの読書コミュニティづくり　北大路書房

菊池　佑　1990　名作即ち良書ならず――病院図書館では　学校図書館　No. 475. p. 30.
菊池　佑　2001　病院患者図書館：患者・市民に教育・文化・医療情報を提供　出版ニュース社
杉並区立中央図書館（編）　2006　アンネのバラ――小さな物語集　杉並区立中央図書館
全国学校図書館協議会　2006　学校図書館速報版　1月15日号

本文で紹介した本

2章1節1

『ひとまねこざる』 H. A. レイ、M. レイ（著）／光吉夏弥（訳） 岩波書店 1998（改版）
『ぐりとぐら』 なかがわりえこ（作） おおむらゆりこ（絵） 福音館書店 1967
『ちびくろさんぼ』 ヘレン・バナマン（作） フランク・ドビアス（絵）／光吉夏弥（訳） 瑞雲舎 2005
『赤毛のアン』 L. M. モンゴメリー（著）／掛川恭子（訳） 講談社文庫 2005
『アンネの日記』 アンネ・フランク（著）／深町真理子（訳） 文春文庫 2003
『アルプスの少女』 ヨハンナ・スピリ（著）／国松孝二、鈴木武樹（訳） 偕成社文庫 1977
『ちいさいおうち』 バージニア・リー・バートン（文・絵）／いしいももこ（訳） 岩波書店 1965
『いやいやえん』 中川李枝子（作） 大村百合子（絵） 福音館書店 1962
『フランダースの犬』 ウィーダ（著）／西本鶏介（監修） 森山 京（訳） 小学館 1998
『ちいさいモモちゃん』 松谷みよ子（著） 講談社青い鳥文庫 1980
『ああ無情』 ビクトル・ユーゴー（著）／塚原亮一、篠崎三郎（訳） 講談社青い鳥文庫 1989
『ガリバー旅行記』 ジョナサン・スウィフト（著）／西本鶏介（監修） 矢崎節夫（訳） 小学館 1997
『秘密の花園』 F. H. バーネット（著）／猪熊葉子（訳） 福音館文庫 2003
『小公子』 F. H. バーネット（著）／村岡花子（訳） 講談社 1987
『不思議の国のアリス』 ルイス・キャロル（著）／芹生 一（訳） 偕成社文庫 1979
『小公女』 F. H. バーネット（著）／吉田比砂子（訳） 集英社 1994
『怪盗ルパン』 モーリス・ルブラン（著）／南洋一郎（訳） ポプラ社 2005
『うりこひめ』 松谷みよ子（著） 童心社 1994
『ドリトル先生』 ヒュー・ロフティング（著）／井伏鱒二（訳） 岩波少年文庫 2000（新版）
『（新訳）シャーロック・ホームズの冒険』 A・コナン・ドイル（著）／日暮雅通（訳） 光文社文庫 2006
『よかったねネッドくん』 レミー・チャーリップ（著）／八木田宜子（訳） 偕成社 1969
『銀河鉄道の夜』 宮沢賢治（著） 新潮文庫 1989
『ゆかいなかえる』 ジュリエット・キープス（文・絵）／いしいももこ（訳） 福音館書店 1964

『ハンカチの上の花畑』 安房直子（作） 金井塚道栄（絵） あかね書房 1988
『ファーブルの夏ものがたり』 マーガレット・J・アンダーソン（作） マリー・ル・グラテン・キース（絵）／千葉茂樹（訳） くもん出版 1998
『ふしぎの森のミンピン』 ロアルド・ダール（作） パトリック・ベンソン（絵）／おぐらあゆみ（訳） 評論社 1993
『おじいちゃんがおばけになったわけ』 キム・フォップス・オーカソン（作） エヴァ・エリクソン（絵）／菱木晃子（訳） あすなろ書房 2005
『青い星』 谷川晃一（著） ビリケン出版 2003
『きゅうりの王さまやっつけろ』 C. ネストリンガー（著）／若林ひとみ（訳） 岩波書店 2001
『ジェレミーとドラゴンの卵』 ブルース・コウヴィル（著）／金原端人（訳） 茂利勝彦（絵） 講談社 2003
『かかし』 ロバート・ウェストール（著）／金原端人（訳） 徳間書店 2003
『祈祷師の娘』 中脇初枝（作） 卯月みゆき（絵） 福音館書店 2004
『星の牧場』 庄野英二（作） 長 新太（絵） 理論社 2003
『シャバヌ 砂漠の風の娘』 スザンネ・ステープルズ（著）／金原瑞人、築地誠子（訳） ポプラ社 2004
『カモ少年と謎のペンフレンド』 ダニエル・ペナック（著）／中井珠子（訳） 白水社 2002
『川べのちいさなモグラ紳士』 フィリパ・ピアス（著）／猪熊葉子（訳） 岩波書店 2005
『リトル・ソルジャー』 バーナード・アシュリー（著）／さくまゆみこ（訳） 景山 徹（絵） ポプラ社 2005
『ゴジラクロニクル』 ソニーマガジンズ 1998
『星モグラサンジの伝説』 岡田 淳（著） 理論社 1990

2章1節2

『三びきのやぎのがらがらどん』 北欧民話 マーシャ・ブラウン（絵）／せたていじ（訳） 福音館書店 1965
『おおきなかぶ』 A. トルストイ（再話）／内田莉莎子（訳） 佐藤忠良（絵） 福音館書店 1966
『かわいそうなぞう』 土家由岐雄（文） 武部本一郎（絵） 金の星社 1970
『せかいいちうつくしいぼくの村』 小林 豊（作・絵） ポプラ社 1995
『わたしのいもうと』 松谷みよ子（著） 味戸ケイコ（絵） 偕成社 1987
『ふたりはともだち』 アーノルド・ローベル（作）／三木 卓（訳） 文化出版局 1972
『指輪物語』 J. R. R. トールキン（著）／瀬田貞二、田中明子（訳） 評論社 1992
『沈黙』 遠藤周作（著） 新潮社 1981

2章1節3

『ゆかいなかえる』 ジュリエット・キープス（文・絵）／いしいももこ（訳） 福音館書店 1964

VI　本文で紹介した本

『ぼくは王さま』 寺村輝夫（作） 和田　誠（絵） 理論社 1961
『１ねん１くみ１ばんワル』 後藤隆二（作） 長谷川知子（絵） ポプラ社 1984
『大どろぼうホッツェンプロッツ』 オトフリート・プロイスラー（作）／中村浩三（訳） 偕成社 1990
『がんばれヘンリーくん』 ベバリイ・クリアリー（作）／松岡享子（訳） 学習研究社 1980
『ラモーナ、明日へ』 ベバリイ・クリアリー（作）／松岡享子（訳） 学習研究社 2006
『長くつ下のピッピ』 アストリット・リンドグレーン（作）／大塚勇三（訳） 岩波書店 1988
『名探偵カッレくん』 アストリット・リンドグレーン（作）／尾崎　義（訳） 岩波書店 1965
『おふろのなかからモンスター』 ディック・キング＝スミス（作）／金原瑞人（訳） はたこうしろう（絵） 講談社 2000
『おじいちゃんの口笛』 ウルフ・スタルク（作） アンナ・ヘグルンド（絵）／菱木晃子（訳） ほるぷ出版 1995
『道ばたの植物』 赤木聡子（著） 保育社 1981
『バッテリー』 あさのあつこ（著） 教育画劇 1996
『ダレン・シャン』 ダレン・シャン（著）／橋本　恵（訳） 小学館 2001
『野ブタ。をプロデュース』 白岩　玄（著） 河出書房新社 2004
『ねじまき鳥クロニクル』 村上春樹（著） 新潮社 1994
『海辺のカフカ』 村上春樹（著） 新潮社 2002
『きみの友だち』 重松　清（著） 新潮社 2005

２章１節４
『わたしのワンピース』 にしまきかやこ（文・絵） こぐま社 1969

２章２節１
『八郎』 齋藤隆介（作） 滝平二郎（絵） 福音館書店 1967
『ごんぎつね』 新美南吉（作） 黒井　健（絵） 偕成社 1986
『三コ』 齋藤隆介（作） 滝平二郎（絵） 福音館書店 1969
『花さき山』 齋藤隆介（作） 滝平二郎（絵） 岩崎書店 1969
『ドルオーテ』 齋藤　洋（作） 講談社 1987

２章２節２
『おじいちゃんの口笛』 ウルフ・スタルク（作） アンナ・ヘグルンド（絵）／菱木晃子（訳） ほるぷ出版 1995
『アリババと40人の盗賊』 馬場のぼる（著） こぐま社 1988

２章２節３
『大長編映画６　ドラえもん』 藤子不二雄（作） 小学館 1991
『くまのこうちょうせんせい』 こんのひとみ（作） いもとようこ（絵） 金の星社

2004

2章2節4
『せんたくかあちゃん』 さとうわきこ（作・絵） 福音館書店 1982

2章2節5
『モモちゃんとアカネちゃん』 松谷みよ子（著） 講談社 1974
『オオカミクン』 グレゴワール・ソロタレフ（作）／ほりうちもみこ（訳） ポプラ社 2001
『ショートショート1001』 星 新一（著） 新潮社 1998

3章1節
『トリフのクリスマス』 アンナ・カリー（作）／松波史子（訳） くもん出版 2001
『ネリーとセザールのちいさなおはなし』 イングリット・ゴドン（絵）／のざかえつこ（文） くもん出版 2002
『またね』 大谷美和子（作） 岡田まりゑ（絵） くもん出版 1995
『ひかりの季節に』 大谷美和子（作） 中村悦子（絵） くもん出版 2000
『わが家』 大谷美和子（作） 岡田真理（絵） くもん出版 2003
『わすれられないおくりもの』 スーザン・バーレイ（作・絵）／小川仁央（訳） 評論社 1986
『ずーっとずっとだいすきだよ』 ハンス・ウィルヘルム（文・絵）／久山太市（訳） 評論社 1988
『レアの星』 パトリック・ジルソン（文） クロード・K・デュボア（絵）／野坂悦子（訳） くもん出版 2003

インタビュー
『かむさはむにだ』 村中李衣（作） 高田三郎（絵） 偕成社 1983
『小さいベッド』 村中李衣（作） かみやしん（絵） 偕成社 1984
『おねいちゃん』 村中李衣（作） 中村悦子（絵） 理論社 1989
『たまごやきとウインナーと』 村中李衣（作） 長谷川集平（絵） 偕成社 1992
『ねえ、どれがいい？』 ジョン・バーニンガム（作）／まつかわまゆみ（訳） 評論社 1983
『もとにもどす』 かみやしん（作） 泉谷寛人（撮影） 福音館書店 年少版こどものとも248号 1997
『とうちゃん、おかえり』 村中李衣（作） あべ弘士（絵） ポプラ社 2005

3章3節
『わたしのいもうと』 松谷みよ子（著） 味戸ケイコ（絵） 偕成社 1987
『わすれられないおくりもの』 スーザン・バーレイ（作・絵）／小川仁央（訳） 評論社 1986

4章1節

「こどものとも」 福音館書店
『はじめてのおつかい』 筒井頼子（作） 林　明子（絵） 福音館書店　1977
『モモ』 ミヒャエル・エンデ（著）／大島かおり（訳） 岩波書店　1976
『ぐりとぐら』 なかがわりえこ（作） おおむらゆりこ（絵） 福音館書店　1967
『チョコレート工場の秘密』 ロアルド・ダール（著）／柳瀬尚紀（訳） 評論社　2005
『ナルニア国物語』 C. S. ルイス（著）／瀬田貞二（訳） 岩波書店　2000

4章2節1

『ゆきおんな』 桜井信夫（脚本） 箕田源二郎（絵） 童心社　1982
『鳥の巣の本』 鈴木まもる（著） 岩波書店　1999
『カッコウの子育て作戦』 松田　喬（文・写真） 内田　博（文） あかね書房　1990
『かもとりごんべえ』 大石　真（文） 長　新太（絵） 偕成社　2004
『こうのとりになった王さま』 ヴィルヘルム・ハウフ（著）／高木あきこ（脚本） うすいしゅん（絵） 教育画劇　1994

4章2節2

『かいけつゾロリ』 原ゆたか　ポプラ社
『あんぱんまん』 やなせたかし　フレーベル館
『とこちゃんはどこ』 松岡享子（作） かこさとし（絵） 福音館書店　1970
『てぶくろ』 ウクライナ民話　エウゲーニ・ラチョフ（絵）／うちだりさこ（訳） 福音館書店　1965
『おおきなかぶ』 A. トルストイ（再話）／内田莉莎子（訳） 佐藤忠良（絵） 福音館書店　1966
『三びきのやぎのがらがらどん』 北欧民話　マーシャ・ブラウン（絵）／せたていじ（訳） 福音館書店　1965
『おばけのバーバパパ』 アネット・チゾン、タラス・ティラー（作・絵）／やましたはるお（訳） 偕成社　1972
『ぐりとぐら』 なかがわりえこ（作） おおむらゆりこ（絵） 福音館書店　1967
『わすれられないおくりもの』 スーザン・バーレイ（作・絵）／小川仁央（訳） 評論社　1986

【執筆者一覧（執筆順）】

秋田喜代美　編者、１章、２章３節、３章３節、４章３節
黒木　秀子　編者、２章１節１、３章特別インタビュー構成
山本　綾子　２章１節２
上田　　岳　２章１節３
岸　　洋子　東京都杉並区文庫、サークル連絡会　２章１節４
濱野　高秋　東京都練馬区立大泉北小学校　２章２節１
飯嶋久美子　東京都町田市立鶴川第三小学校　２章２節２
於保　和子　神奈川県茅ヶ崎市立浜之郷小学校　２章２節３
片桐　生恵　長野県伊那市立美篶小学校　２章２節４
内野　史子　２章２節５
岸　　裕司　千葉県習志野市秋津コミュニティ、学校と地域の融合教育研究会　２章２節６
長谷　総明　（株）くもん出版編集部　３章１節
前田　利親　読売新聞大阪本社編集局生活情報部　３章２節
村中　李衣　作家、梅光学院大学こども学部　３章特別インタビュー
阿部　裕子　千葉県千葉市子どもの本専門店会留府　４章１節
田中　共子　東京都杉並区立中央図書館　４章２節１
菊池　　佑　日本病院患者図書館協会　４章２節２

【編者紹介】

秋田喜代美（あきた・きよみ）
大阪府生まれ
東京大学大学院教育学研究科博士課程修了
現　在　東京大学大学院教育学研究科教授，博士（教育学）
〈主　著〉
『読書の発達心理学』 国土社　1998年
『子どもをはぐくむ授業づくり』 岩波書店　2000年
『文章理解の心理学』（共編著） 北大路書房　2001年
『読む心　書く心　文章の心理学入門』（編著） 北大路書房　2002年
『教育研究のメソドロジー』（共編著） 東京大学出版会　2005年
『本を通して世界と出会う一中高生からの読書コミュニティづくり』（共編著）
北大路書房　2005年

黒木秀子（くろき・ひでこ）
東京都生まれ
早稲田大学社会科学部卒業
現　在　アニマシオン勉強会・読書と作文の教室パウルーム主宰
〈著　書〉
『子どもと楽しく遊ぼう　読書へのアニマシオン一おすすめ事例と指導のコツ』（共著） 学事出版　2004年
『読書のアニマシオン一子どもと読書の世界を広げる』（分担執筆） 児童図書館研究会出版部　2005年

シリーズ　読書コミュニティのデザイン
本を通して絆をつむぐ
児童期の暮らしを創る読書環境

2006年８月10日　初版第１刷印刷
2006年８月20日　初版第１刷発行
定価はカバーに表示してあります。

編　者　秋田喜代美・黒木秀子
発行所　㈱北大路書房
〒603-8303 京都市北区紫野十二坊町12-8
電話（075）431-0361㈹
FAX（075）431-9393
振替　01050-4-2083

印刷・製本●創栄図書印刷㈱
検印省略　落丁・乱丁本はお取り替え致します。
ISBN4－7628－2517－4　Printed in Japan